Walter Bracher-Mühle
Mühleweg 10
4950 Huttwil

D1660287

Buchara
Taschkent
Bischkek
Dunhuang
Xian

Die Seidenstrasse heute

Christoph Müller
Peter Gysling

# Die Seidenstrasse heute
Von Venedig nach Xian mit Peter Gysling

Mit Fotos und Beiträgen von Reto Vetterli, Reto Padrutt,
Helen Stehli Pfister, Reto Brennwald, Andrea Vetsch, Mitja Rietbrock,
Christof Franzen und Pascal Nufer

Das Buch zur DOK-Serie Seidenstrasse

Die Seidenstrasse im Internet:
www.seidenstrasse.sf.tv
www.srf.ch/seidenstrasse/webdok

Ein TELE-Buch in Kooperation mit Schweizer Radio und Fernsehen SRF; erschienen im Beobachter-Buchverlag, Verlagsgruppe Axel Springer Schweiz.

© 2012 Beobachter-Buchverlag,
Axel Springer Schweiz AG, Zürich
Alle Rechte vorbehalten
www.tele.ch
www.beobachter.ch

Lektorat: Karin Schneuwly, Zürich
Fotos: Alle Fotos von Reto Vetterli mit Ausnahme von:
Mitja Rietbrock (S. 118–120, 126–130, 132, 176–179),
Helen Stehli Pfister (S.60, 61, 88, 94, 106–108, 111),
Peter Gysling (S. 150, 151, 162, 249), Christoph Müller
(S. 18, 20, 63, 66, 67, 76–78, 80), Pascal Nufer (S. 224, 226, 230), Reto Padrutt (S. 19), Reto Brennwald (S. 32, 34),
Christian Frei (S. 138, 139), Christof Franzen (S. 208, 211),
Andrea Vetsch (S. 98, 99), Laurent Stoop (S. 174),
Oscar Alessio (S. 249), Merly Knörle (S.249), Samuel Trümpy
(S. 249), Rena Effendi/Institute (S. 112)
Grafische Gestaltung & Satz: Bruno Bolliger, Losone
Druck: Grafisches Centrum Cuno GmbH & Co. KG, Calbe

ISBN 978-3-85569-557-7

## Die Autoren

**Christoph Müller** war bis Herbst 2012 bei SRF-Redaktionsleiter von «DOK», «Reporter» und «Horizonte». Er berichtete in den vielen Jahren seiner Tätigkeit als TV-Journalist über zahlreiche Krisensituationen aus der ganzen Welt und realisierte mehrere Dokumentarfilme und Dutzende von Reportagen, für die er mehrfach national und international ausgezeichnet wurde. Heute ist Christoph Müller mit seiner Firma Magic Moments als Autor, Projektleiter und Consultant in verschiedensten Medienprojekten engagiert.

**Peter Gysling** wirkt seit 2008 zum zweiten Mal als Korrespondent von Schweizer Radio und Fernsehen SRF in Moskau. Er berichtet regelmässig aus den entlegensten Gebieten Russlands, aus der Ukraine, Weissrussland, aus Moldawien, den Kaukasusrepubliken und den Ländern Zentralasiens. Als Deutschland-Korrespondent hat er Ende der Achtzigerjahre die deutsche Wiedervereinigung journalistisch begleitet und anfangs der Neunzigerjahre als Korrespondent in Moskau den versuchten Putsch gegen Michail Gorbatschow, den Zerfall der UdSSR und die Phase der Umorientierung in den ehemaligen Sowjetrepubliken verfolgt. Von 2002 bis 2008 leitete er die Wortprogramme von DRS2.

# Inhalt

Vorwort......................................................................... 7

## Venedig: Der Mythos Marco Polo ............................ 8

Venedig in Kürze ........................................................ 10

DIE STADT MARCO POLOS
Venedig....................................................................... 12

Viele, viele Seidenstrassen ......................................... 16

DAS FREILICHTMUSEUM IN BEDRÄNGNIS
Chinesen überrollen die Lagunenstadt ..................... 18

## Türkei: Das Tor zum Orient ...................................... 24

Türkei in Kürze ........................................................... 26

PORTRÄT
Mustafa Koç ................................................................ 32

## Georgien: Paradies unter Renovation ...................... 52

Georgien in Kürze ....................................................... 54

Englisch – Die Sprache der Zukunft.......................... 60

Georgien – Ein Paradies? ........................................... 64

Gesichter Georgiens ................................................... 66

PORTRÄT
Bidsina Iwanischwili .................................................. 70

BOOM-BRANCHE RELIGION
Die georgische Orthodoxie auf Erfolgskurs ............. 76

## Aserbaidschan: Das Land des Feuers ...................... 82

Aserbaidschan in Kürze .............................................. 84

Konflikt um Berg-Karabach ....................................... 92

PORTRÄT
Natalja und Tural........................................................ 98

DIE ERDÖLSTADT IM KASPISCHEN MEER
Neft Dashlari .............................................................106

PORTRÄT
Rena Effendi...............................................................112

## Kasachstan: Der Reichtum aus der Steppe ... 114

### Kasachstan in Kürze ... 116

#### MIT KAPITÄN KAMRAN IBRAHIMOV ÜBER DAS KASPISCHE MEER
«Ich bin ein moderner Karawanenführer» ... 118

#### UNTERWEGS MIT EINEM DER VÄTER VON KASACHSTANS NEUER HAUPTSTADT
«Ein bisschen Diktatur kann nicht schaden» ... 126

### Weltraumfahrt der ehemaligen UdSSR ... 138

## Usbekistan: In der Wüste des Autokraten ... 146

### Usbekistan in Kürze ... 148

#### DER ARALSEE HAT SICH IN EINE WÜSTE VERWANDELT
Sand statt Wasser, Salz statt Süsswasser ... 150

#### INTERVIEW
Erich Gysling ... 160

### Prekäre Lebensverhältnisse trotz Rohstoffreichtum ... 171

#### INTERVIEW MIT DEM JOURNALISTEN ALEXEI WOLOSSEWITSCH
Schlechte Zeiten für die Menschenrechte ... 174

#### BLICK INS NACHBARLAND: TURKMENISTAN
«Demokratie ist, wenn alle kostenlos Gas und Elektrizität haben» ... 176

## Kirgistan: Zarte Pflanze der Demokratie ... 180

### Kirgistan in Kürze ... 182

### Geschlossene Grenzen nach Usbekistan ... 186

#### PORTRÄT
Rosa Otunbajewa ... 194

#### BLICK INS NACHBARLAND: TADSCHIKISTAN
Die Seidenstrasse als Drogen-Highway ... 208

## China: Im Land der Extreme ... 212

### China in Kürze ... 214

#### HERR PAN WILL WEG
Landflucht in China ... 224

#### PORTRÄT
Bin Wang ... 230

#### CHINESISCHE WEISHEITEN ZUR LEBENSBEWÄLTIGUNG
36 Strategeme ... 240

#### DER PRODUZENT DER DOK-SERIE «SEIDENSTRASSE»
Gesucht: Ein Alleskönner ... 244

### Die DOK-Serie «Seidenstrasse» – Eine Teamarbeit ... 248

# Vorwort

## Die Seidenstrasse – Tausend Güter, tausend Gefahren, tausend Chancen

Die Route zieht sich vom Mittelmeer durch unendliche Wüsten und über die Pässe der höchsten Gebirge der Welt. Seit der Bronzezeit bereisen Menschen diese Strecke. Doch es war nie eine romantische Reise. Auf der Seidenstrasse waren schon immer jene Menschen unterwegs, die von den fernen Länder profitieren wollten: Händler, Glücksjäger, Missionare.

Das ist auch heute nicht viel anders. Denn seit dem Zusammenbruch der Sowjetunion und dem Aufstieg Chinas zum «Werkplatz der Welt» erleben die Transportwege durch Zentralasien eine eigentliche Renaissance. Es entstehen neue Strassenverbindungen, darunter das Asiatische Fernstrassenprojekt (ESCAP). Neue Projekte wie die Transasiatische Eisenbahn (TAR) beflügeln Planer und Ingenieure.

Der Ausbau dieser «neuen Seidenstrassen» findet heute vor allem auf der sogenannten Nordroute statt, durch Kasachstan, Usbekistan und Kirgistan nach China. Auf der Südroute – durch Länder wie Irak, Iran, Afghanistan und Pakistan – türmen sich im Moment politische und wirtschaftliche Hindernisse aller Art.

Dass die Verkehrsströme den Gefahren ausweichen, ist nicht neu: Es gab nie nur eine einzige Seidenstrasse, sondern ein Geflecht von Wegen zwischen Europa und China.

Längs der Nordroute ist der neue Reichtum überall sichtbar. Er stammt nicht nur aus dem Handel mit China, sondern vor allem auch aus der Öl- und Gasförderung, die Ländern wie Aserbaidschan, Kasachstan oder Turkmenistan einen ungeahnten Wirtschaftsboom verschafft haben. Ein Reichtum, der sich längs der Seidenstrasse in vielen modernen architektonischen Monumenten ausdrückt. Diese Kathedralen des neuen Wirtschaftswachstums lassen sich nur vergleichen mit dem Bau der grossen Karawansereien und Moscheen im Mittelalter. Ob sie allerdings so lange Bestand haben werden wie diese, darf bezweifelt werden.

Peter Gysling hat mit einem Team des Schweizer Fernsehens die faszinierende Welt entlang den heutigen Seidenstrassen erkundet. Er hat zwischen Venedig und Xian in einer Vielzahl von Begegnungen dieses Panorama der Veränderung erlebt. In seinem Tagebuch beschreibt er Menschen und Mächte, alte und neue Player. Auf dieser Reise, die von der Vergangenheit direkt in die Zukunft führt.

Christoph Müller

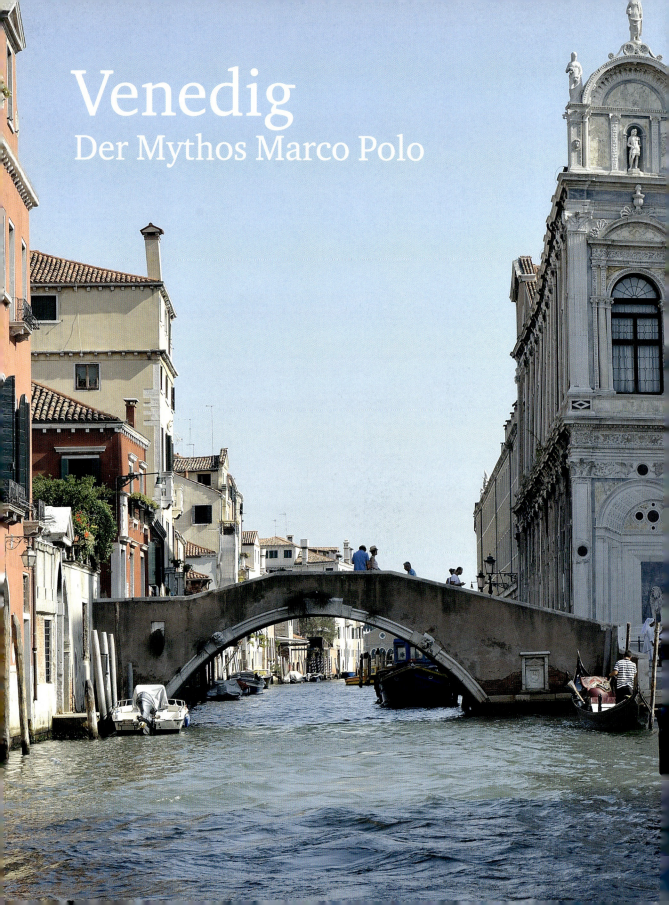

# Venedig
## Der Mythos Marco Polo

# Venedig in Kürze

| | |
|---|---|
| **Fläche:** | 414,6 km², davon mehr als die Hälfte Wasseroberfläche |
| **Einwohnerzahl:** | 270 000, davon rund 60 000 im historischen Zentrum |
| **Die Stadt:** | Der eigentliche Stadtkern von Venedig erstreckt sich über etwa 120 Inseln, zwischen denen sich Kanäle unterschiedlicher Breite hindurchziehen. Zu vielen dieser Inseln gehören ein Platz und eine Kirche. Zudem gehören etwa 60 Inseln in der Lagune von Venedig zum Stadtgebiet. Das eigentliche Machtzentrum lag früher um den Markusplatz, wo sich denn auch die prächtigsten Bauten finden. Venedig steht seit 1987 auf der Unesco-Liste des Weltkulturerbes. |
| **Geschichte:** | Bis 1797 war Venedig die Hauptstadt der Republik Venedig, damals eine der grössten europäischen Städte. Im 16. Jahrhundert war die Stadt ausserdem eine Handelsmetropole. Venedig war ein bedeutendes Finanzzentrum und dominierte ein Kolonialreich, das von Oberitalien bis nach Kreta und Zypern reichte. Der Adel der Stadt wurde reich durch den Handel mit Luxusgütern wie Seide, Gold oder Gewürzen. Nach 1798 geriet Venedig zuerst unter französische und später österreichische Herrschaft. 1866 wurde die Stadt ein Teil Italiens. |
| **Wirtschaft:** | Zu Venedig gehört seit 1929 der Industriekomplex Mestre Marghera. Die historische Stadt hingegen ist seit über 100 Jahren fast ausschliesslich auf den Tourismus ausgerichtet. 2011 zog Venedig weit über 20 Millionen Besucher an, dreimal mehr als Rom. |

AUS DEM TAGEBUCH VON PETER GYSLING

## Venedig, der symbolische Ausgangspunkt unserer Reise

«Hier hat einst Marco Polo gelebt!» Alle paar Minuten steuert ein Gondoliere seine Kundschaft am Corte del Milion, am einstigen Wohnhaus der Familie Polo vorbei und weist auf die Asienreise hin, welche der junge Händler Marco vor rund 700 Jahren unternommen hatte.

Zwar streiten sich Wissenschaftler noch immer darüber, ob Marco Polo China jemals erreicht hat, und darüber, ob seine Reiseberichte dem Erlebten wirklich entsprechen. Unbestritten ist aber, dass Marco Polos Abenteuerberichte dazu beigetragen haben, den Handel zwischen Europa, Venedig und Asien zu beleben, vor allem auch, die verschiedenen Routen der Seidenstrasse bekannt zu machen. Und dies, obwohl schon Jahrhunderte vor Polos Geburt auf den verschiedenen Abschnitten der Seidenstrasse der Handel blühte.

Marco Polos Geschichte sind wir einen ganzen Vormittag lang im Atelier von Stefano Nicolao auf der Spur. Der venezianische Kostümschneider hat anfangs der Achtzigerjahre die Kostüme für einen vierteiligen Marco-Polo-Film angefertigt. Er ist seinerzeit auch mit der Polo-Filmcrew mitgereist. Sein Atelier in Venedig beherbergt rund 10 000 Kostüme, welche er in den letzten Jahrzehnten für historische Filme, Opern und Festivals angefertigt hat.

Stefano Nicolao zeigt mir in seinem Atelier die Art der Kleider, welche Asienreisende vor 700 Jahren mutmasslich getragen haben. Dabei wird uns bewusst: Im Unterschied zu uns, der logistisch durchgeplanten SRF-Fernsehcrew, waren die Asien- und Chinareisen für die Menschen damals auch Reisen ins Ungewisse!

Der Corte del Milion: das Wohnhaus der Familie Polo.

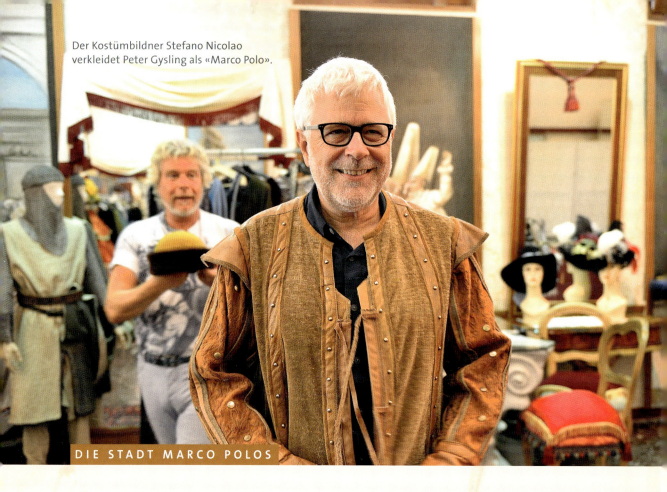

Der Kostümbildner Stefano Nicolao verkleidet Peter Gysling als «Marco Polo».

DIE STADT MARCO POLOS

# Venedig

Marco Polo, der Händler aus Venedig, gelangte auf seiner Reise bis nach China. Auf Wegen, die bereits seit langem benutzt wurden, die aber erst durch seine farbigen Beschreibungen zum eigentlichen Mythos wurden.

Venedig war seit dem Mittelalter Ausgangspunkt für die westlichen Händler, die im nahen und fernen Osten nach Gewürzen, Juwelen und in China nach Seide suchten. Auf immer wieder verschiedenen Routen. Denn es gibt nicht nur eine Seidenstrasse. Doch immer war die Lagunenstadt ein wichtiger Umschlagplatz und Anfang und Ende dieser Handelsrouten.

Schon Marco Polos Vater Niccolò, ein Edelsteinhändler, reiste zusammen mit seinem Bruder Matteo um 1260 an den Unterlauf der Wolga und von dort bis nach Buchara und schliesslich – eher unfreiwillig – bis nach Peking. Solche Reisen erfolgten immer auch im päpstlichen Auftrag. Denn nebst dem Handel erhoffte sich die Kirche eine Missionierung des fernen Ostens. Ganz im Geiste der Kreuzzüge. Der Vater und der Onkel gingen gleich nach ihrer Rückkehr an die Planung einer nächsten Reise nach China. An dieser nahm auch der damals gerade 17-jährige Marco Polo (ca. 1254–1324) teil.

### Reise ohne päpstlichen Segen

Ein kirchlicher Auftrag fehlte, denn es herrschte gerade das längste päpstliche Interregnum der Geschichte. Eine Papstwahl bedeutet immer einen Machtkampf mit Intrigen und Skandalen. Die Kardinäle wurden im Konklave im italienischen Viterbo erstmals hermetisch abgeriegelt und eingemauert, weil sie sich drei Jahre lang nicht entscheiden konnten. So lange mochten die Polos aber nicht warten und machten sich 1271 mutig auf ihre neue Reise – ohne den päpstlichen Segen.

Dieses neue Abenteuer führte sie – vieles ist Legende, manches scheint historisch belegt – über Akkon, den Haupthafen der Kreuzritter in Galiläa, zuerst nach Jerusalem. Von dort wollten sie dem Mongolenherrscher Kublai Khan Öl aus der Lampe des Heiligen Grabes mitbringen. Anschliessend reisten sie via Iskenderun, Täbris und Zentralasien bis zur Sommerresidenz des Grosskhans in China. Von dort reiste der junge Marco Polo weiter nach Xian.

17 lange Jahre blieben sie in China, bis sie per Schiff zurück nach Europa kamen. Marco Polo in Begleitung seiner chinesischen Gemahlin Hao Dong, einer Tochter des Grosskhans. Er hatte sich in ihre schönen Gesänge und ihre aussergewöhnliche Stimme verliebt. In Venedig wurde sie aber als Nicht-Christin von der tonangebenden Gesellschaft überhaupt nicht akzeptiert. Sie lebte zurückgezogen im Hause Marco Polos und trat nur ans Fenster, wenn sie ihre Lieder sang.

### Liebeslieder zum Abschied

Heute ist der Corte del Milion in Venedig der wichtigste Ort, der noch an Marco Polo erinnert. Den Namen Corte del Milion sollen die

Nachts soll man in Venedig immer noch die Lieder von Marco Polos chinesischer Frau hören. So geht zumindest die Legende.

Einheimischen dem Hof gegeben haben, weil der Zurückgekehrte ständig vom unermesslichen Reichtum des mongolischen Grosskhans erzählt habe.

Marco Polo wurde später bei einer Seeschlacht gegen die Genuesen verhaftet und ins Gefängnis gesteckt. Als anschliessend in Venedig – so geht die Legende – eine Intrigantin seiner chinesischen Gemahlin berichtete, ihr Mann sei in der Gefangenschaft gestorben, trat Hao Dong in ihrem Schmerz ein letztes Mal ans Fenster und stürzte sich in den Tod. Angeblich soll man ihre traurigen Liebeslieder für Marco Polo nachts noch immer hören.

Reto Padrutt

Das Tourismusgeschäft mit den Gondeln ist noch immer fest in venezianischer Hand.

In Venedig erinnern viele Zeugnisse an die Hochblüte des Seidenstrassenhandels.

# Viele, viele Seidenstrassen

Es lauerten Gefahren aller Art: Kälte, Hitze, Überfälle. Furcht einflössend war sie, die Seidenstrasse. Besser: die Seidenstrassen. Denn eine einzige Seidenstrasse gibt es nicht. Sie ist vielmehr ein Netz von Strassen und Wegen, die alle von West nach Ost, von Ost nach West führen.

Auf diesen Seidenstrassen wurde längst nicht nur Seide transportiert. Die Chinesen könnten die Seidenstrasse ebenso gut «Glasstrasse» nennen, denn bis ins frühe Mittelalter wurde viel Glas von Europa nach China transportiert. Das Schiesspulver und das Papier fanden ihren Weg von China nach Europa. Gold und Edelsteine wurden hier transportiert.

Ein Transportweg für Luxuswaren aller Art – aber auch für Religionen und Ideologien. Das Christentum stiess längs der Strasse gegen Osten vor, wo es aber nie richtig Fuss fasste. Im Gegensatz zum Islam, der sich entlang der Seidenstrassen ausbreitete: in Afghanistan, Iran, Pakistan und ganz Zentralasien. Dort erinnern die prächtigen Moscheen von Samarkand und Buchara heute an den Reichtum von damals.

## Strasse der Krankheiten

Entlang der Seidenstrasse bewegten sich nicht nur Waren und Menschen, Religionen und Kulturtechniken, sondern auch Krankheiten. Die Pest zum Beispiel, die sich von Yunnan ausbreitete, 1348 auf der Krim anlangte und sich weiter nach Europa verbreitete.

Bereits im 13. Jahrhundert – also zu Lebzeiten von Marco Polo – setzte der Niedergang der Seidenstrasse ein. Denn der Seeweg wurde besser, billiger und vor allem sicherer. Es entfielen die Gefahren des Landweges und die Zölle, die an vielen Orten erhoben wurden. Erst heute wird der Strassenweg wieder wichtig.

## Chinesische Ware so weit das Auge reicht

Wie stark sich China und Westeuropa in den vergangenen Jahren näher gerückt sind, wird bei einem Rundgang durch die Calle dei Fabbri deutlich. Hier, wo einst in der Bar ein temperamentvoller Venezianer mit der linken Hand die Kaffeemaschine bediente, mit der Rechten das Geld kassierte und mit dem linken Bein die Tür des Kühlschranks zuschlug, führen nun Chinesen und deren Mitarbeiter Regie.

Immer mehr Chinesen nisten sich in den Kleidergeschäften und venezianischen Imbissecken ein. Wenn ein Betrieb zum Verkauf anstehe, so berichten Venezianer, seien Chinesen oft in der Lage, fast jeden beliebigen Preis auf den Tisch zu blättern.

Der fliegende Händler Alessandro Massalongo verkauft an seinem fahrbaren Verkaufsstand, einer Bancarella, in der Nähe der Rialtobrücke die typischen venezianischen Halbmasken, welche beim Carnevale getragen, aber durchs ganze Jahr hindurch von Touristen gekauft werden. Einige Masken in seinem Angebot, gibt Massalongo zu verstehen, seien preisgünstig in China hergestellt worden. Auch als gebürtiger Venezianer komme er nicht darum herum, auf chinesische Billigware zurückzugreifen. Er zuckt ratlos die Schultern, als ich ihn darauf anspreche, dass Venedig vielleicht immer mehr von Chinesen übernommen werde. «Schicksal!», meint er.

Der Souvenirverkäufer Alessandro Massalongo wird bedrängt von der chinesischen Konkurrenz.

In Venedig ist die Zahl der asiatischen Touristen stark gestiegen.

DAS FREILICHTMUSEUM IN BEDRÄNGNIS

# Chinesen überrollen die Lagunenstadt

Venedig wird täglich von einem Strom von Touristen aus aller Welt besucht. Von diesem Ansturm profitieren vorab chinesische Investoren. Die Einheimischen werden zunehmend aus der historischen Altstadt verdrängt und wandern aufs Festland ab.

Die enge Calle dei Fabbri, die ehemalige Schlossergasse, ist eine der wichtigsten Fussgängerstrassen Venedigs und die direkte Verbindung zwischen Markusplatz und Rialtobrücke.

Heute reihen sich hier Souvenirgeschäfte an Kleiderläden und Imbissbuden. Denn die meisten der jährlich über 20 Millionen Venedig-Touristen drängen sich durch die verwinkelte Altstadtgasse. Sie laufen in Gruppen hinter dem hochgehaltenen Fähnchen ihres Reiseleiters her. In den letzten Jahren fällt den einheimischen Stadtbewohnern auf, dass immer mehr chinesische Reisegruppen an der täglichen Einkaufstour durch die Lagunen teilnehmen.

Venedig platzt aus allen Nähten. Kritische Stadtkenner erzählen ihren Besuchern vom Ausverkauf der Lagunenstadt an zahlungskräftige Investoren. Grandiose Barock- und Renaissance-Palazzi, ja gar ganze Inseln gehören heute Benetton oder Gucci.

Was aber nur wenige ahnen: Auf Immobilien-Einkaufstour sind auch chinesische Immigranten der ersten Generation. Von den 20 italienischen Regionen weist Venetien nach der Toskana und der Lombardei die dritthöchste Anzahl chinesischer Unternehmer auf. Da sich oft ganze Grossfamilien an Investitionen beteiligen, entstand – vorerst fast unbemerkt – ein chinesisches Geschäftsviertel in unmittelbarer Nähe vom Markusplatz.

### Chinesische Grossfamilien in Venedig

Eine der chinesischen Unternehmerinnen ist die 34-jährige Xiao Fei Gao, die sich der Einfachheit halber einen italienischen Vornamen zugelegt hat: Laura. Die zupackende und freundliche Frau stammt wie ihr Mann aus Wen Zhou bei Shanghai. Er war schon früher nach Italien gezogen und brachte sie nach ihrer Heirat in China im Jahr 1999 nach Venedig. Ihre zwölfjährige Tochter und der zehnjährige Sohn sind hier geboren. Laura besitzt in der Calle dei Fabbri gleich drei Geschäfte samt den zugehörigen Häusern. Den Kinderkleiderladen mit italienischen Luxusmarken führt ihr jüngerer Bruder Leon, das Accessoire-Geschäft ihre jüngere Schwester Eva. Laura selber kontrolliert die Verkaufsläden ihrer Geschwister und leitet die Bar und Pizzeria Oasi persönlich. Sie erklärt weshalb:

«Wenn die Arbeit ohne die Besitzer gemacht wird, geht das nicht gut. Klar, auch die Angestellten arbeiten tüchtig, alle sind gut. Aber es braucht immer ein wachsames Auge. Der Chef muss da sein, sonst ändert sich alles.»

Im Besitz dieser chinesischen Grossfamilie sind eine zweite Bar und ein Schuhgeschäft. «Chinesische Männer verjubeln das Geld lieber in Spielcasinos», sagt Laura, und deshalb sitzt sie wie viele chinesische Frauen auf dem Portemonnaie. Um die Geschäfte in Gang zu halten, arbeitet sie fast rund um die Uhr.

> «Chinesische Männer verjubeln das Geld lieber in Spielcasinos»

Die chinesische Unternehmerin Xiao Fei Gao, ihr Bruder Leon und ihre Schwester Eva.

VENEDIG

Glaskunst made in Murano – oder schon in China?

## Echt «Made in China»

In einer globalisierten Welt, in der von Computern über Handys, von Kleidern bis zu Küchenmaschinen fast alles in China produziert wird, wundert es nicht, wenn auch an Venedigs Ufern Warenkartons mit chinesischen Inschriften abgeladen und durch die Gassen gekarrt werden. Die Waren werden meist legal eingeführt, als «Made in China», landen allerdings nicht selten bei afrikanischen Strassenhändlern, den sogenannten Vucumprà, oder in Souvenirläden. Dort werden sie immer wieder mal umetikettiert und als «Made in Italy» oder «Made in Murano» an die Touristen verkauft.

Lauras Bruder Leon, der hier Sprachen studiert und im Kinderkleiderladen an der Calle dei Fabbri italienische Luxusprodukte verkauft, bekommt dies fast täglich zu spüren: «Besonders kritisch sind chinesische Kunden, weil sie in China gesehen haben, dass es dort massenhaft Fälschungen gibt. Dann kommen sie hierher und wollen wissen: Sind die echt oder gefälscht?»

Tatsächlich hat die Finanzpolizei, die Guardia di Finanza, allein in den letzten drei Jahren in der Region Venetien mehr als eine Milliarde gefälschter oder gesundheitsgefährdender Artikel konfisziert. Über 90 Prozent davon stammten aus China.

## «Ich liebe Murano und diese Arbeit»

Eigentlich sollten Touristinnen und Touristen wissen, dass sie sich beim Kauf solcher Waren wie gefälschter Guccitaschen oder Markenuhren strafbar machen. Dass sie dennoch zugreifen, ärgert General Marcello Ravaioli, den obersten Befehlshaber der venezianischen Guardia di Finanza: «Die Käufer, die Bürger, müssten eigentlich aufmerksam sein, um zu verhindern, dass sie

Chinesisches Brautpaar in Venedig.

mit ihrem Geld letztlich eine kriminelle Organisation finanzieren.» Bei einer Razzia auf Murano und in Venedig beschlagnahmte die Finanzpolizei über zehn Millionen in China hergestellte «Murano»-Artikel. Das beschäftigt auch einen der wenigen verbliebenen Glaskünstler auf Murano, Paolo Crepax. Er hofft, dass die chinesische Konkurrenz bei der heutigen Billigware bleibt und dass es ihr nicht gelingen wird, die wirklich künstlerische Leistung der Murano-Glasbläser zu imitieren. «Ich hoffe, dass es nie so weit kommt. Denn ich liebe Murano und diese Arbeit. Das Glas ist wie eine schöne Frau. Wenn du glaubst, sie verstanden zu haben, kannst du gleich abhauen.»

Und was ist mit der schönen Stadt Venedig? Wird sie Klimawandel und Kommerz überstehen? Eines haben die von riesigen Kreuzfahrtschiffen ausgespuckten endlosen Touristenströme und die Immobilienspekulation bereits zur Folge: Die Einheimischen verlassen Venedig und ziehen in Massen aufs Festland.

Reto Padrutt

Maestro Paolo Crepax, Glaskünstler auf Murano.

Blick vom Canal Grande zu einer der touristischen Hauptattraktionen Venedigs – die Rialtobrücke.

Im Unterschied zu den Bars, einzelnen Restaurants und verschiedenen Boutiquen ist das Geschäft mit den Gondeln aber nach wie vor fest in venezianischer Hand. Die entsprechenden Lizenzen sind beschränkt und äusserst begehrt.

Die einstige Handelsstadt ist heute vor allem ein Touristenparadies. Unaufhörlich steigen Reisende mit ihren Rollkoffern die Stufen auf den Kanalbrücken hoch und runter und lassen dabei ihr prall gefülltes Gepäck auf die jeweils nächste Treppenstufe plumpsen.

Dank Marco Polo ist Venedig für viele ein symbolischer Ausgangspunkt oder das Endziel einer Seidenstrassenreise.

Uns führt diese auf einer ihrer nördlichen Routen von West nach Ost. Von Istanbul ein Stück weit quer durch die Türkei, dann durch Georgien und Aserbaidschan ans Kaspische Meer. Vom kasachischen Hafen Aktau aus nordostwärts, dann durch Usbekistan und schliesslich über Kirgistan nach China. Dort auf einer südlichen Route entlang der Wüste Taklamakan und der Wüste Gobi bis ins chinesische Xian.

# Türkei
## Das Tor zum Orient

# Türkei in Kürze

| | |
|---|---|
| **Hauptstadt:** | Ankara |
| **Fläche:** | 779 452 km², ca. 19-mal grösser als die Schweiz |
| **Einwohnerzahl:** | ca. 75 Millionen |
| **Staatsform:** | Parlamentarische Republik |
| **Regierungschef (2012):** | Recep Tayyip Erdogan |
| **Amtssprache:** | Türkisch |
| **Religion:** | Die Mehrheit der türkischen Bevölkerung gehört dem Islam an, gegen 80 % sind Sunniten. Die Statistiken sind allerdings mit Vorsicht zu geniessen, da all jene, die keine Angaben machen, automatisch als Muslime registriert werden. |
| **Höchster Berg:** | Ararat mit 5137 Metern |
| **Landschaft:** | Nebst fruchtbaren Landwirtschaftsgebieten gibt es Steppen und Berggebiete. Durch die Lage auf den Kontinentalplatten sind Erdbeben vor allem im Norden der Türkei häufig. |
| **Wirtschaft:** | Aus dem Agrarland ist auch eine Industrienation geworden, die Textilien, Fahrzeuge und andere Konsumgüter produziert. Eine der wichtigsten Devisenquellen ist der Tourismus. Das Gefälle zwischen dem westlichen Landesteil mit der Wirtschaftsmetropole Istanbul und dem landwirtschaftlichem Osten ist beträchtlich. |
| **Geschichte:** | Istanbul war als Byzanz die Hauptstadt des Oströmischen Reichs, später als Konstantinopel jene des Osmanischen Reichs. Das Osmanische Reich erstreckte sich über einen Teil des Nahen Ostens, des Kaukasus, des Balkans, Nordafrikas und der Krim. Mustafa Kemal Pascha – genannt Atatürk – machte im 20. Jahrhundert aus der Türkei einen westlich säkularen Staat. |
| **Menschen:** | Gegen 80 % der Bevölkerung sind Türken, daneben leben viele Minderheiten in der Türkei, zum Beispiel Kurden, Armenier, Tscherkessen oder Tschetschenen. |

AUS DEM TAGEBUCH VON PETER GYSLING

## Fussballverrückte im Lärm und Tränengas

Gleich nach unserer Ankunft in Istanbul gerate ich bei einem Rundgang in der Nähe des Taksim-Platzes in eine aufgebrachte Menge Fussballfans, die dem Spiel zwischen den beiden Istanbuler Mannschaften Galatassaray und Fenerbahce entgegenfiebert. Der Club Galatassaray steht für die türkische Fussballwelt auf dem europäischen Teil des Kontinents, die Fans von Fenerbahce identifizieren sich mit dem Istanbul auf der asiatischen Seite des Bosporus.

Von einem Dachrestaurant landet ein Klappstuhl in der Menge auf dem Platz, und die Polizei versucht, die Fans mit Tränengas-Petarden und einem Wasserwerfer in Schach zu halten. Zusammen mit anderen Passanten gelingt mir die Flucht ins Innere eines Kleiderladens.

Am späteren Abend sitzen wir in einem überdachten Hinterhof eines der beliebten Strassenrestaurants. Nachdem wir unser Essen bestellt haben, wird es unüberhörbar, dass das Fussballspiel eben mit einem Sieg des FC Galatassaray zu Ende gegangen ist. Wieder formieren sich in der Fussgängerzone die Fans zu Tausenden. Sie feuern Rauch-Petarden ab und feiern mit grossem Lärm den Sieg ihrer Mannschaft.

Die jubelnde Menge wird schliesslich so ausgelassen, dass die Polizei abermals mit Tränengas ins Geschehen eingreift. Bald vermischt sich im Innenhof unseres Restaurants der Rauch des Schaschlik-Grills mit Spuren von Tränengas, und zusammen mit den andern Gästen suchen wir fluchtartig in einem Treppenhaus Schutz.

Doch wir lassen uns das feine Essen nicht verderben, kehren bald zu unsern Tischen zurück und versuchen uns mit den feiernden Fussballfans zu freuen.

Strassenschlacht mit Tränengas nach dem Fussballspiel.

***Die Legende der Wölfin Asena ist*** *eine der ältesten und bekanntesten Geschichten der türkischen Mythologie. Es ist die tragische Geschichte des Turkvolks, das bis auf einen kleinen verletzten Jungen von einem feindlichen Angriff ausgerottet wird. Der Junge überlebt mit abgetrennten Händen und Füssen in einem Moor. Die Wölfin Asena findet den Jungen, sie säugt ihn und rettet damit den Fortbestand des Volkes.*

Die Galatabrücke ist nicht nur für Touristen ein Anziehungspunkt im Zentrum von Istanbul.

### Pulsierendes Leben auf der Galatabrücke

Während unseres dreitägigen Aufenthalts in Istanbul suchen wir immer wieder die Galatabrücke auf. Sie bildet für viele Istanbulreisende einen wichtigen Ausgangspunkt für zahlreiche Unternehmungen. Beispielsweise für eine Fahrt mit der Fähre über den Bosporus.

Während sich Taxis, Autobusse und Lieferwagen ihren Weg durchs dichte Verkehrsgewühl auf der Brücke bahnen, haben sich entlang der Brückengeländer Dutzende von Fischern aufgereiht, und ab und zu wird ein kleiner Fang hochgezogen. Hinter den Fischern drängeln sich die Touristen. Die Menschen bleiben immer wieder stehen und lassen sich vor der faszinierenden Altstadtkulisse mit den Fischern, den Fähr- und Fischerbooten und den Moscheen im Hintergrund fotografieren. Istanbul: eine grandiose Kulisse für den boomenden türkischen Tourismus.

Fliegende Händler bieten gebratenen Fisch oder geröstete Maiskolben an, und das Gekreisch der Möwen oder das Hupkonzert der Fährboote, die unter der Brücke durchfahren, wird nur durch den Gebetsruf des Muezzins übertönt, der über die Lautsprecher vom Minarett der Süleymaniye-Moschee bis hierher zu hören ist.

### Auf dem Grossen Basar

Wir haben uns am frühen Morgen noch vor dem grossen Touristenandrang am Stand von Hasan Yedek eingefunden. Yedek ist 74. Seit seinem zwanzigsten Altersjahr macht er im Basar Geschäfte. Er hat sich auf den Handel mit mechanischen Instrumenten spezialisiert, die einst in der Seefahrt verwendet wurden: Kompasse in grossen Messinggehäusen, Peilgeräte, Sextanten, Feldstecher und Fernrohre aller Art liegen in der Auslage seines etwa zehn Quadratmeter grossen verglasten Verkaufsraums.

Hasan Yedek möchte sein Geschäft dereinst seinem Sohn übergeben. Dieser arbeitet bereits heute mit. Doch im Gespräch mit dem Sohn wird deutlich, dass dieser nicht geneigt ist, das Geschäft nach dem Tod seines Vaters im bisherigen Stil weiterzuführen. Ernsthafte Sammler, so meint der Sohn, fänden sich heute

Auf dem Grossen Bazar in Istanbul findet man viele gefälschte Markenartikel.

immer weniger auf dem Basar ein. Das Internet übernehme auch im Antiquitätenhandel eine immer wichtigere Rolle.

Hasan Yedek schildert uns, wie er über Zufallskontakte zu seinen Exklusivitäten gekommen ist, aber auch, dass auf dem Basar immer mehr industriell produzierte Massenware umgesetzt werde. Geduldig lässt sich Yedek für die Filmaufnahmen etwas mehr nach links und von links wieder nach rechts dirigieren. «Nein, nicht direkt in die Kamera schauen – und die Tasche auf dem Tisch sollte etwas mehr nach hinten gerückt werden!» Weil die Platzverhältnisse in Yedeks Kiosk sehr beengt sind, erweist es sich als schwierig, hier ein Interview in möglichst eindrücklicher Kulisse aufzuzeichnen. Nach den Aufnahmen führt mich Yedek zu Kollegen, die chinesische Seidenwaren anbieten.

Gegen Mittag wird der Basar von immer mehr Touristen bevölkert. Im riesigen Gebäudekomplex werden an Tausenden von Verkaufsständen vor allem Schmuck, Uhren, Lederwaren, Schuhe, Teppiche, Lampen, Kristallwaren oder T-Shirts angeboten.

Die Verkäufer mustern aufmerksam die Passanten. Oft gelingt es ihnen, sie in deren Landessprache anzusprechen. Wer sich auf ein Gespräch mit einem der Händler einlässt, dem wird oft von flinker Hand ein Glas Tee entgegengestreckt. Das hilft mit, dass das lockere Geplänkel zwischen Verkäufer und Touristen häufig einen verbindlicheren Charakter annimmt. Und es wird immer schwieriger, einen geordneten Rückzug anzutreten, ohne etwas zu kaufen.

Etwas erstaunt sind wir über das Angebot der Uhrenhändlern auf dem Basar. Viele von ihnen haben sich auf den Verkauf gefälschter Schweizer Uhren spezialisiert. Eine elektronische IWC, Hublot, Omega oder Breitling ist hier für rund 100 Franken zu haben, mechanische Modelle im Design dieser Markenuhren kosten zwischen 200 und 300 Franken. Für einen Laien ist der Unterschied zwischen echten und falschen Modellen kaum auszumachen. Die meisten Fälschungen, so erklärt man uns, würden aus China importiert, zum Teil würden die «Qualitätsuhren» aber auch in türkischen Ateliers endmontiert.

**Mustafa Koç** steht an der Spitze des grössten Mischkonzerns der Türkei. Die Unternehmensgruppe hatte mit der Republik Atatürks bescheiden begonnen und steht heute für eine junge, dynamische Türkei.

Mustafa Koç unter dem Bild seines Grossvaters, der das heute grösste türkische Unternehmen gründete.

Mustafa Koç, 52 Jahre alt, steht am Fenster und schaut nach Europa. Dort drüben liegt es, nur eineinhalb Kilometer entfernt. Das Wasser des Bosporus glitzert in der Mittagshitze, am andern Ufer im Finanzzentrum Istanbuls ragen die Wolkenkratzer in den Himmel. Der Verwaltungsratspräsident steht in seinem Büro: getäfeltes Holz, schwere Ledersofas, Ölgemälde. Historische Räume aus dem Osmanischen Reich. Es könnte auch die Residenz eines Staatspräsidenten sein. Ein ziemlich exklusiver Ort, eine halbe Stunde seiner kostbaren Zeit schenkt Koç hier dem Reporter aus der Schweiz. Ich betrachte den Raum. Es ist das Büro des Grossvaters, dem Pionier der türkischen Industrie und Gründer des Koç-Imperiums.

Die Unternehmenszentrale liegt auf der asiatischen Seite, in Nakkastepe, auf den letzten Metern eines Kontinents, der bis zum Pazifischen Ozean reicht. Wenn der Enkel des Firmengründers aus dem Fenster schaut, sieht er einen Teil seines Reiches. 211 Firmen, das grösste Wirtschaftsagglomerat der Türkei, in Familienbesitz.

## Türkei – Teil Europas?

Und der Reporter fragt sich: Ist es ein asiatisches oder ein europäisches Reich, über das Mustafa Koç befiehlt? Gehört die Türkei zu Europa? Nur 3 Prozent des Landes liegen geografisch auf dem alten Kontinent, der grosse Rest ist Asien. Die Türkei ist ein islamisches Land, 99 Prozent aller Türken sind Muslime. Nicht dass Koç in die EU wollte, bei Allah, nein. Das einzige, was seinen Geschäftsgang behindere, sei die Brüsseler Bürokratie, sagt er. Ansonsten weiss er nicht, was schneller wächst, die Hochhäuser oder die türkische Wirtschaft.

Mustafa Koç zeigt zur Bosporusbrücke, die Asien mit dem europäischen Kontinent verbindet. Stossstange an Stossstange schleppt sich der Mittagsverkehr über die Brücke. Jedes zweite Auto stammt aus seiner Produktion. Und auch der Treibstoff wird von ihm produziert. Seit 2005 besitzt die Familie Koç die einzige Ölraffinerie der Türkei. Und dort drüben, in Europa, liegt auch der Hauptsitz seiner Bank, der Yapikredi, dem viertgrössten Geldinstitut des Landes. Jetzt gehört die Koç-Gruppe zur «Fortune 500», zu den 500 grössten Firmen der Welt.

## Westliche Ausbildung

Mustafa Koç spricht fliessend Deutsch. Österreichisches Gymnasium in Istanbul, wo er Deutsch lernte, Matura in der Schweiz, im Alpinum Zuoz. Noch immer steht in seinem Büro das Bild seiner Hockeymannschaft aus dem Jahr 1980.

Der Aufstieg seiner Familie und die Geschichte der modernen Türkei sind zwei Seiten derselben Medaille. Im Jahr 1926, drei Jahre, nachdem Mustafa Kemal, genannt Atatürk, die Republik ausgerufen hatte, eröffnete sein Grossvater Vehbi Koç seinen ersten Laden. Atatürk wollte eine Demokratie nach westlichem Vorbild, und Vehbi lieferte das erste türkische Auto, den ersten Kühlschrank und die erste Waschmaschine dazu. Atatürk verbannte die arabische Schrift und führte das lateinische Alphabet ein. Europäische Normen sollten die türkische Gesellschaft prägen, die Basis für ein modernes Eheleben holte sich Atatürk mit dem Schweizerischen Zivilrecht. Mustafa Koç neigt seinen massigen Körper nach vorne und fixiert den Reporter. Ich sage: «Und was ist mit dem Koran? Was mit dem konservativen Präsidenten, den nationalistischen Strömungen der Türkei?» Koç blickt leicht gereizt. «Wir sind die einzige muslimische Demokratie, die Staat und Religion vollständig getrennt hat. Unsere Hardliner machen maximal 12 bis 15 Prozent der Wahlstimmen!» Die Türkei brauche Europa als Kompass für ihre Reformen. Um seinen Worten Gewicht zu geben, schlägt er mir vor, ihn noch ein Stück weit zu begleiten. Kein alltäglicher Weg, sondern eine Art Ritt zwischen den Kontinenten. Das Ziel ist das Istanbuler Finanzdistrikt, ein muslimisches Mini-Manhattan.

### Kurs auf Europa

Wie praktisch, wenn man da als Topmanager nicht im Stau stehen muss, sondern eine Privatjacht am Hafen vor Anker liegt. Mustafa Koç, begleitet von zwei Bodyguards, springt auf sein Boot, wirft die Motoren an und prescht zum Erstaunen einiger halbnackter Fischerbuben davon.

«Der frühere französische Präsident Giscard d'Estaing sagte, die Türkei sei kein europäisches Land», rufe ich ihm durch den Motorenlärm zu. Koç drückt den Gashebel durch, die Jacht teilt das Wasser der Meeresenge und nimmt Kurs auf Europa. Er lächelt. «Ich glaube nicht, dass Europa sich einen Gefallen tut mit dieser Mentalität. Europa braucht die Türkei noch mehr als umgekehrt. Europa ist ein überalterter Kontinent und wird so schnell nicht aus seiner Schuldenmisere kommen. Wir sind eine junge Nation, 70 Millionen hungrige Konsumenten! Wer soll denn in Zukunft eure Renten bezahlen?» Nach fünf Minuten Fahrt legt sein Boot an. Weisse Jachten schaukeln am europäischen Pier, Türkinnen mit Kopftuch und High Heels flanieren vorbei, junge Männer sitzen in eleganten Cafés. Mustafa Koç steigt in eine Limousine und fährt zur VR-Sitzung seiner Bank.

Das Gebäude kommt mir vor wie ein Minarett aus Stahl und Glas, kein Muezzin, dafür Sicherheitspersonal. Die Teppichetage: langweilig wie in jeder Bank dieser Welt, dunkle Anzüge gleiten lautlos vorbei. Nur die Aussicht vom 42. Stock ist noch etwas imposanter als am Zürcher Paradeplatz. Er verstehe nicht, sagt der Boss, wie Bulgarien und Rumänien Mitglieder der EU sein könnten, mit Hauptstädten, die nicht halb so modern seien wie Istanbul. Es stimmt. Doch hier wird auch klar, mit welchen Gegensätzen die Türkei zu Rande kommen muss: zwischen dem modernen Zentrum und der anatolischen Peripherie. Gerne hätte Mustafa Koç noch eine Partie Golf gespielt mit dem Reporter. Doch bereits wartet ein nächster Termin auf ihn. Schade. Der Reporter dankt und stolpert hinaus. Noch einmal geht mein Blick zurück über den Bosporus nach Asien. Die Türkei: ein europäisches Land? Oder ein asiatisches? Vielleicht ein asiatisches Land mit einer europäischen Hauptstadt!

> «Wir sind die einzige muslimische Demokratie, die Staat und Religion vollständig getrennt hat»

Dank seiner Jacht kann Mustafa Koç dem Istanbuler Verkehrschaos ausweichen.

Reto Brennwald

*Fahrt über den Bosporus*

Rund 30 Kilometer lang und an der engsten Stelle etwa 700 Meter breit ist der Bosporus, die Meerenge, die mitten in Istanbul den europäischen und den asiatischen Kontinent teilt. Hier liefen einst viele Routen der alten Seidenstrasse zusammen.

Das einstige Konstantinopel war stets ein wichtiger Verkehrsknotenpunkt, seine Basare waren wichtige Handelsplätze. Über diesen Hafen gelangten Seidenwaren oder Gewürze nach ganz Europa, von hier aus wurde auch vieles, was in Europa hergestellt wurde, über den Bosporus ans asiatische Festland transportiert oder übers Schwarze Meer Richtung Osten verschifft.

Auf den beiden Autobahnbrücken, die über den Bosporus führen, aber auch auf den Fährbooten herrscht vor allem während der Hauptverkehrszeiten ein immenses Gedränge. Viele der 15 Millionen Einwohner der Stadt wechseln auf ihrem Weg zur Hochschule oder zu ihrem Arbeitsplatz täglich von einem Kontinent zum andern. Auf den Brücken kommen dann die Autos nur noch im Schritttempo voran, auch auf den Fähren finden Reisende oft keinen Sitzplatz mehr.

Deshalb, aber auch, weil man mit Blick auf künftige Transportkapazitäten der heutigen Seidenstrasse das asiatische Schienennetz mit jenem Europas verknüpfen will, wird nun an einem Eisenbahntunnel gebaut, der die beiden Istanbuler Stadtteile unter dem Bosporus miteinander verbindet.

Wenn der Tunnel dereinst in Betrieb ist, wird man auf der asiatischen Seite Istanbuls, auf der kleinen Landzunge beim Bahnhof Haydarpascha,

Blick auf die Süleymaniye. Die riesige Moschee wurde auf Befehl des Sultans Süleyman I. nach Plänen des Baumeisters Sinan 1557 fertiggestellt.

Peter Gysling mit der türkischen Sängerin Yudum Tatar.

kaum mehr auf Pendler treffen. Diese werden dann mit den modernen Vorortszügen unter der Meerenge durchfahren. Das barocke Bahnhofsgebäude von Haydarpascha, so sagt man uns, werde dann wohl zu einem Luxushotel umgebaut werden.

Zugpassagiere werden dann über grössere Distanzen in ihren Waggons sitzen bleiben können. Es wird bald möglich sein, beispielsweise vom aserbaidschanischen Baku aus auf dem Schienenweg direkt die Städte Wien, Paris, Zürich oder Berlin zu erreichen, und die Bosporusfähren werden wohl bald vorwiegend nur noch von Touristen benutzt werden.

Auf einer unserer Fahrten über den Bosporus treffen wir die Musikerin und Volkssängerin Yudum Tatar. Im persönlichen Direktkontakt wirkt die zierliche 34-jährige Balama-Spielerin sehr natürlich und wohltuend selbstbewusst, ganz im Gegensatz zum Eindruck, den man gewinnen mag, wenn man eine CD-Hülle mit dem Konterfei der Musikerin in der Hand hält. Für Bühnenauftritte und offizielle Fotos lässt sich Yudum Tatar von Stylisten zu einer Schla-

Instrumentenmacher Yusuf Toraman prüft die Qualität und den Klang des Holzes, das er als Deckblatt für eine Balama verwenden will.

gersängerin auftakeln, deren Erscheinung weniger Assoziationen an eine weltoffene türkische Künstlerin, sondern vielmehr an eine Oberkrainer Musikantin aus dem letzten Jahrhundert weckt.

Ich bewundere Yudums Geschick, mit dem sie die Saiten ihres Instrumentes zupft, tue mich aber schwer, der traditionellen türkischen Volksmusik harmonisch Wohltuendes abzugewinnen. Für meine westlich geprägten Ohren sind diese Klänge leider zu ungewohnt. Yudum erzählt uns, wie sie schon als Jugend-

liche viele Stunden mit diesen Saiteninstrumenten verbracht hat, die in ihrer Kultur vor allem Männern vorbehalten sind. Sie ist stolz, dass es ihr gelungen ist, sich als Frau in diesem Brauchtum durchzusetzen.

Mit Yudum besuchen wir auch den Instrumentenmacher Yusuf Toraman, dessen Atelier sich auf den Bau der traditionellen Saz-Instrumente spezialisiert hat, denen wir – in jeweils leicht abgeänderter Form – auf unserer Reise entlang der Seidenstrasse immer wieder begegnen werden.

*Zwischen 1960 und 1980 erlebte die Türkei eine unruhige Zeit, in der die Armee nicht weniger als drei Mal putschte. Ab Mitte der Achtzigerjahre wurden die Konflikte mit den Kurden zum beherrschenden Thema der türkischen Politik. Erst nach 2001 entspannte sich die Situation teilweise. Unter Ministerpräsident Recep Tayyip Erdogan versucht sich die Türkei der EU anzunähern und verbesserte ihre Beziehung zu den östlichen Nachbarn. Gleichzeitig gewann das religiöse Erbe wieder an Bedeutung.*

## Mit der Bahn von Sivas nach Erzurum

Die Eisenbahnstrecke zwischen diesen beiden Städten führt durch eine äusserst attraktive und zugleich verlassen wirkende Gebirgsgegend, die mich zuweilen an die Albulastrecke der Rhätischen Bahn oder jene durchs Bündner Vorderrheintal erinnert.

Immer wieder queren wir über Brücken breite Bachbecken. Kurve um Kurve quietscht der Zug entlang immer weiteren Hügeln. An den rötlich schimmernden Hängen wird Eisenerz abgebaut. Wir dürfen während etwa einer Stunde im Führerstand mitfahren. Der Lokomotivführer hebelt an den Instrumenten seiner in die Jahre gekommenen Diesellok, die unter anderem mit einem mechanischen Anzeigegerät der Berner Firma Hasler ausgerüstet ist.

Zurück im Waggon bieten uns zwei junge Frauen, die uns wegen ihrer traditionellen Kopfbedeckung aufgefallen sind, Gebäck an. Es ist offensichtlich, sie suchen mit uns, den Ausländern, das Gespräch.

Die beiden geben sich als Schwestern zu erkennen. Dilek Yaja ist 27 Jahre alt, verheiratet und Mutter einer zehnjährigen Tochter. Ihre jüngere Schwester, Saliha Nur Ekici, ist 18 und wirkt als private Kinderbetreuerin. Dilek gibt sich selbstbewusst. Sie sei überzeugte Muslimin. Sie beteuert, dass sie als Frau die muslimischen Traditionen nicht als einschränkend empfinde. Einen Tschador trage sie nur deshalb nicht, weil diese Art von Kleidung in der Türkei noch nicht so sehr verbreitet sei. Gleichzeitig aber sei sie nicht bereit, sich mit einer traditionellen, ans Haus gebundenen Frauenrolle abzufinden. In Fernkursen bereite sie sich auf eine Tätigkeit als Psychologin vor.

Statt langer Röcke tragen die beiden Musliminnen weit geschnittene Trainerhosen, hoch geschlossene Hemden oder Pullover und Kopfbedeckungen, welche das Kopfhaar eng umschliessen und nur die Gesichtsbereiche zwischen Stirn und Kinn frei geben.

Die Schwestern sind unterwegs zur Schulabschlussfeier ihres Bruders. Während wir nach mehreren Stunden Bahnfahrt in Erzurum Halt machen, reisen die beiden nach Kayseri weiter.

## Erzurum

Das ostanatolische Erzurum mit seinen rund 365 000 Einwohnern liegt am Nordhang des Gebirgszugs Palandöken Daglari auf 1950 Metern über Meer. Erzurum ist der wichtigste türkische Wintersportkurort. Hier hat vor einem Jahr auch die Winter-Universiade stattgefunden, die Weltsportspiele der Studenten. Für die Universiade wurden denn auch spezielle Stadien und Unterkünfte bereitgestellt, und überall weisen Inschriften auf den Grossanlass vom Winter 2011 hin. Die beiden Skischanzen am Stadtrand im Süden sind von weit her sichtbar.

Wichtigster kultureller Anziehungspunkt in Erzurum ist die Cifte Minareli Medrese mit ihren Doppelminaretten. Neben der Medrese beeindruckt auch die grosse Ulu Cami Moschee aus dem 12. Jahrhundert. Mit ihren sieben Pfeilerhallen gleicht sie einer mehrschiffigen Kirche.

In Erzurum fühlen wir uns mitten in der traditionellen, der stark muslimisch geprägten Türkei. Die meisten Frauen, denen wir auf der Strasse begegnen, tragen Kopftücher und lange Roben; wie schon in Sivas sind hier zu den Gebetszeiten in allen Stadtvierteln die Rufe der Muezzins unüberhörbar.

In den Dönerstuben von Erzurum bekommt man keine alkoholischen Getränke. Esslokale werden vor allem von Männern besucht, weibliche Gäste sind ausschliesslich in männlicher Begleitung zu sehen. In den Läden, an der Hotelrezeption, überall, wo Berufstätige mit dem Publikum in Kontakt kommen, arbeiten in der Türkei vorwiegend Männer. Frauen wird die beschwerlichere Arbeit im Hintergrund zugewiesen. Dies wird in Erzurum besonders augenscheinlich.

Die Schwestern Dilek und Saliha aus dem Zug empfinden die muslimischen Traditionen nicht als einschränkend.

Die türkische Wirtschaft: zwischen Pferdefuhrwerk und Autoproduktion.

Privatkonzert im Zug.

Dem Bauern Lütfu Tikici war nicht bewusst gewesen, dass es Menschen gibt, die kein Türkisch sprechen.

### *Beim Bauern Lütfu Tikici*

*Wir haben Lütfu Tikici zufällig kennengelernt. Er hat uns gleich zu einem Besuch seines Hofes in Orta, etwa zehn Kilometer ausserhalb von Erzurum, eingeladen. Lütfu Tikici ist 83 Jahre alt und von hagerer Statur. Er ist verwitwet und – wie er meint – darauf angewiesen, dass ihm auf dem Hof seine beiden Söhne und vor allem seine Tochter beistehen.*

*Die mittlerweile 33-Jährige könne in einem Jahr daran denken, auszuziehen und zu heiraten, wenn sein Sohn Yasin vermählt sei und sich dessen frisch angetraute Gattin an die Arbeit auf seinem Hof gewöhnt habe. Die Heirat Yasins habe er selbst mit dem Vater der künftigen Gattin gezielt arrangiert, erzählt er uns.*

*Nach einem ausgiebigen Frühstück begleiten wir Lütfu zum Freitagsgebet in die Ulu Cami Moschee. Üblicherweise benutzt er für seine Fahrt in die Stadt einen Minibus. Ab und zu aber, so erklärt er uns, gehe er auch zu Fuss nach Erzurum.*

*Fürs Freitagsgebet hat sich Lütfu besonders schön gekleidet. Er trägt eine schwarze weit geschnittene Hose, ein weisses Hemd mit gestickten Verzierungen und ein schwarzes Gilet. Seine Brust schmückt ein silberner Umhang, an dem auch ein reich verzierter Schuhlöffel baumelt, der Lütfu überall, wo er seine Schuhe anzieht, Hilfe leistet. Die Festlichkeit seiner traditionellen Kleidung betont zudem ein orangefarbenes Tuch, das er sich um seine Hüfte schlingt.*

Vor der Moschee.

Imam Düzenli nimmt den Koran sehr wörtlich.

Lütfu gibt sich erstaunt. Es sei ihm vor unserem Treffen nicht bewusst gewesen, dass es Menschen gebe, die kein Türkisch sprechen, und überhaupt, dass es nichtmuslimische Leute gebe. Es freut ihn aber, dass wir uns für seinen Lebensalltag interessieren.

## In der Moschee

Der Imam hat uns wissen lassen, dass sich unsere Crew während des ganzen Freitagsgebets frei in der Moschee bewegen und alles filmen könne. Ich selbst versuche, mich im Hintergrund zu halten, um die Gläubigen beim Gebet nicht zu stören. Doch diese nehmen unsere Filmerei gelassen hin.
Nach dem Gebet spreche ich Imam Adülkadir Düzenli auf die Rolle der Frauen an, die sich am Eingang zur Moschee deutlich wahrnehmbar bemüht hatten, möglichst unsichtbar durch die Pforte zu huschen, um dann das Freitagsgebet hinter einer tristen Sichtblende zu verfolgen. Den Frauen kämen im Islam insbesondere durch das gezielte Zurückbinden aus einer breiteren Öffentlichkeit besonders viele Freiheiten zu, meint der Imam. Auch das Tragen einer Kopfbedeckung und einer langen Kleidung befreie sie vor «bösen Männerblicken».
Von einem Dialog mit andern Religionen und Glaubensgemeinschaft hält der Imam von Erzurum wenig. Schliesslich, so meint er, lasse sich aus dem Koran unzweideutig ableiten, dass der Islam die einzig richtigen Glaubensgrundsätze vorgebe.

*In Anatolien, abseits der grössten* touristischen Zentren, fällt auf, wie verstärkt die Gesellschaft wieder zum Islam zurückfindet. In Istanbul sind manch öffentliche Darstellungen und Denkmäler des liberalen türkischen Reformers Mustafa Kemal Atatürk zu sehen. Doch selbst der jetzt amtierende türkische Ministerpräsident Recep Erdogan gibt seinen Landsleuten zu erkennen, dass sich die türkische Gesellschaft verstärkt an die Traditionen des Islam anlehnen soll. Wenn Erdogans Gattin ihn bei Auftritten begleitet, zeigt sie sich in der Öffentlichkeit nur mit Kopftuch.

Während sich Istanbul als aufstrebende Industrie-, Handels- und Dienstleistungsstadt präsentiert, wird in den ländlichen Gebieten des Landes der Graben überdeutlich, welcher die aufgeklärte gesellschaftliche Kultur Westeuropas von der eines traditionellen Islam trennt. Wirtschaftlich mausert sich die Türkei immer mehr zu einer überaus prosperierenden und erfolgreichen Wirtschaftsmacht. Die gesellschaftlichen Traditionen und Wertvorstellungen vieler Türkinnen und Türken aber scheinen mit dieser Entwicklung kaum Schritt zu halten.

Viehherde unweit von Erzurum. Hier beginnt jener Teil der Türkei, der geprägt ist von Landwirtschaft und traditionellen Werten.

Von Matschka nach Trabzon geht es durch Gebirgslandschaften, die an die Schweiz erinnern.

## Nach Trabzon am Schwarzen Meer

*Von Erzurum aus fahren wir mit dem Minivan auf einer gut ausgebauten Bergstrasse zuerst nordwärts nach Trabzon. Wir sind spät unterwegs und können das faszinierende Sumela-Kloster leider nur im Abendlicht bewundern.*

*Die Gebäude der Anlage, die teilweise aus dem 6. Jahrhundert stammen, thronen über dem engen Tal, als wären sie einst an die senkrechte Felswand geklebt worden.*

*Nach einer kurzen Nachtruhe in der Kleinstadt Matschka fahren wir nach Trabzon, wo uns – zwischen den Häuserzeilen – die*

Konturen des Schwarzen Meeres entgegenglitzern. Trabzon war einst ein wichtiger Verkehrsknotenpunkt auf der alten Seidenstrasse. Von hier querten früher viele Frachter das Schwarze Meer Richtung Russland, Ukraine oder Georgien.

Heute wird auf dem Schwarzen Meer weniger verschifft als früher. Die Eisenbahn und der Lastwagenverkehr übernehmen eine immer wichtigere Rolle. Deshalb ist der Fährbetrieb zwischen Trabzon und der georgischen Hafenstadt Batumi kürzlich eingestellt worden. Wir beschliessen, Batumi auf der Strasse, jetzt immer entlang dem etwas nüchtern wirkenden Ufer des Schwarzen Meeres, zu erreichen.

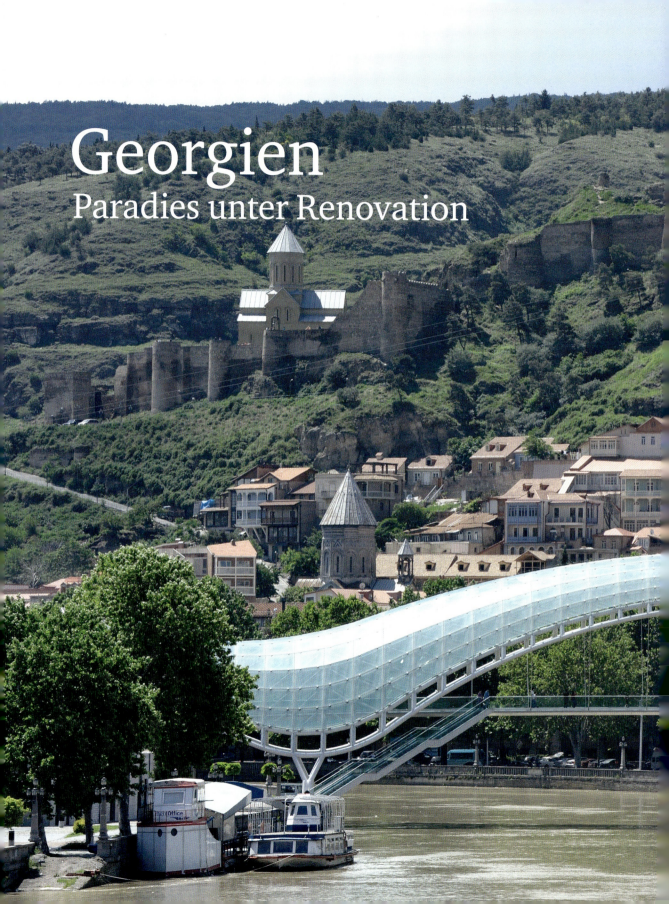

# Georgien
## Paradies unter Renovation

# Georgien in Kürze

| | |
|---|---|
| **Hauptstadt:** | Tiflis (georgisch Tbilissi) |
| **Fläche:** | rund 69 700 km², ca. anderthalbmal so gross wie die Schweiz |
| **Einwohnerzahl:** | 4,5 Millionen |
| **Staatsform:** | Republik |
| **Staatsoberhaupt (2012):** | Micheil Saakaschwili |
| **Amtssprache:** | Georgisch; zu den wichtigsten weiteren Sprachen des Landes gehören Aserbaidschanisch, Armenisch, Abchasisch, Ossetisch und Russisch |
| **Religion:** | 84 % georgisch-orthodoxe Christen; 9,9 % Muslime |
| **Höchster Berg:** | Schchara mit 5068,9 Metern |
| **Flora und Fauna:** | dank unterschiedlicher Klimazonen eine hohe Artenvielfalt |
| **Wirtschaft:** | In Sowjetzeiten war Georgien ein wichtiger Exporteur von Wein und Tee; heute sind die Exportgüter – alte Autos. Diese werden aus Westeuropa importiert und nach Zentralasien verkauft. Das Wirtschaftswachstum der vergangenen Jahre betrug jeweils 6–7 %; grosse Investitionen gab es im Strassen- und Städtebau. In der Landwirtschaft strebt die Regierung u.a. die Ansiedlung von Grossfarmen an. |
| **Geschichte:** | Im 6. Jahrhundert v. Chr. entstanden auf dem Gebiet des heutigen Georgiens die antiken Staaten Kolchis und Iberien. Im Mittelalter wurde das Land mehrmals erobert, u.a. von den Persern und Arabern. 1810 wurde Georgien ein Teil Russlands. Nach der Oktoberrevolution erklärte sich Georgien 1918 für unabhängig, wurde aber bereits drei Jahre später von der Roten Armee besetzt und in die Sowjetunion integriert. Seit 1991 ist Georgien erneut unabhängig. |

AUS DEM TAGEBUCH VON PETER GYSLING

### Die Shoptouristen an der Grenze

Der Grenzübertritt von der Türkei nach Georgien ist auf beiden Seiten effizient organisiert. Auch heute, am Sonntag, schleppen schwer bepackte Georgierinnen und Georgier riesige Koffer und Einkaufstaschen von der türkischen Seite her durch die modernen Zollgebäude. Sie haben sich in der Türkei vor allem mit preisgünstigen Textilien oder Haushaltselektronik eingedeckt. Viele Georgier reisen gelegentlich zu einem Grosseinkauf in die Türkei oder kennen jemanden, der für sie jeweils gewisse Produkte in der Türkei besorgt. «Shoptouristen» heissen sie auf Russisch.

### Casinos und potemkinsche Kulissen in Batumi

Obwohl es um das Lebensniveau in Georgien nicht besser bestellt ist als in der Türkei, wirkt die georgische Schwarzmeerstadt Batumi auf den ersten Blick wie ein modernes Monaco oder Mini-Dubai. Die Häuser im Stadtzentrum sind frisch herausgeputzt, überall, vor allem in der Nähe der Uferzone, ragen futuristisch anmutende Neubauten in die Höhe, neue Fünfsternehotels, Casinos, Geschäftszentren, ein Strassencafé, dessen Architektur sich an die Gestaltung von Tempelanlagen anlehnt.

Etwas ausserhalb des Stadtzentrums allerdings stehen nach wie vor die sowjetischen Plattenbauten. Hier leben die meisten Einwohner Batumis in einfachsten Verhältnissen. Das moderne Batumi ist den Besuchern aus der Türkei, dem Iran oder reichen Russen vorbehalten. Wunderschön mit Fahrradwegen und Grünanlagen ist die einst heruntergekommene Promenade entlang des Schwarzen Meeres heute hergerichtet.

Neubauten in Batumi.

Peter Gysling im Gespräch mit Eter Turadse, der Chefredakteurin der oppositionellen georgischen Zeitung *Batumelebi*.

Batumi gehöre eben zu den Lieblingsstädten des georgischen Präsidenten Saakaschwili, sagt man uns. Deshalb würden hier die Fassaden vieler Häuser unaufhaltsam renoviert, zum Teil aber auch abgerissen oder auf umstrittene Weise ersetzt und erweitert.

Die protzigen Hausfassaden im Zentrum von Batumi wirken auf mich wie potemkinsche Kulissen oder wie eine weitgehend menschenleere Disney-World-Anlage.

«How to establish a bank in Batumi», heisst es auf einem Prospekt, der am Informationsstand des Tourismusbüros aufliegt. 19 Banken, steht da weiter zu lesen, hätten in den letzten Monaten in Batumi eine Filiale eröffnet.

Überall wird gebaut in Batumi.

Die Investitionen in Batumi stammten vorwiegend aus dem Ausland, hauptsächlich aus der Türkei, meint Eter Turadse, die Chefredakteurin der oppositionellen georgischen Zeitung «Batumelebi». Allfällige Geschäftsgewinne flössen dann auch wieder ins Ausland zurück. Die Wirtschaftspolitik, welche die georgische Regierung in Batumi betreibe, komme, abgesehen von wenigen neuen Arbeitsplätzen, kaum der Bevölkerung zugute. Gebaut und betrieben würden die Casinos und Hotels nämlich nicht von Georgiern, sondern meist von türkischen Gastarbeitern.

Eines der neuen Fünfsternehotels mit eigenem Helikopterlandeplatz auf dem Dach werde von Josif Ordschonikidse, dem einstigen Stellvertreter des ehemaligen Moskauer Bürgermeisters Luschkow errichtet. Luschkow war berüchtigt für sein korruptes Umfeld, und so erstaunt es denn auch nicht, zu welchem Reichtum es russische Staatsangestellte unter seiner Ägide gebracht haben!

Bei einem Stadtrundgang zeigt Eter Turadse auf ein grosses Gebäude, das in den letzten Jahren besonders luxuriös umgebaut worden ist. Das Haus gehöre dem Staat, erklärt sie, die Bürger aber hätten bislang nicht in Erfahrung bringen können, weshalb das Gebäude so aufwändig renoviert, um- und ausgebaut worden sei. Allein die opulente Uhr an der

Aufwändig restauriertes Gebäude in Batumi.

Der Hafen von Batumi: Einfallstor für Waren aus dem Westen.

Fassade des Hauses – eine Art Kirchturmuhr – sei für umgerechnet rund eine Million Franken aus Deutschland hergebracht worden. Wahrscheinlich wolle Präsident Saakaschwili das Gebäude dereinst als eine seiner Residenzen nutzen, meint sie. Der grosse Platz, der dem Haus gegenüberliegt, ist vor Kurzem bedeutungsschwanger zum «Europaplatz» umbenannt worden.

## Im Hafen von Batumi

Westeuropa ist im Hafen von Batumi omnipräsent. Jeden Tag werden aus den Containerschiffen, die hier anlanden, Hunderte Gebrauchtwagen entladen. Diese werden danach zum Teil vom grossen georgischen Automarkt in Rustawi aus nach Armenien, Aserbaidschan und nach Zentralasien weiterspediert.

Auf dem Hafengelände verfolgen wir die Verzollung mehrerer deutscher Klein- und Mittelklassewagen. Die meisten waren wohl um die zehn Jahre irgendwo in Westeuropa im Betrieb. Jetzt sind sie mit Fernsehern, Computern, Kleinmöbeln, Textilien, Spielsachen oder Esskonserven voll gestopft. Die georgischen Zöllner lassen sich diese Waren – nebst dem Fahrzeug – kurz zeigen. Sie kontrollierten dabei flüchtig, dass keine Drogen, keine Waffen eingeführt werden. Zu unserm Erstaunen erfahren wir, dass für die Autos selbst zwar eine bescheidene Import- und Abfertigungsgebühr entrichtet werden muss, nicht aber für all jene Waren, die in den Autos mitgeführt werden. So dienen die importierten Kleinwagen vielen auch als Transportvehikel für Importprodukte aller Art.

Über den Hafen der georgischen Stadt Poti, jenen von Batumi, aber auch über die im Bau befindende Eisenbahn-Direktverbindung in die Türkei sollen dereinst noch weit grössere Warenmengen zwischen Ost und West verschoben werden.

Der Goderdsipass in der Nähe der türkischen Grenze war früher militärisches Sperrgebiet: die Aussengrenze des Eisernen Vorhangs.

### Fahrt über den Goderdsipass

Wir entschliessen uns, für eine kurze Wegstrecke die alte Seidenstrasse durch Georgien zu verlassen und über ein enges Bergtal entlang der türkischen Grenze nach Borschomi und Gori zu fahren. Wegen der Grenznähe zur Türkei war diese Region bis 1986 für Ausländer Sperrgebiet. Hier verlief einst ein Teil der streng bewachten Grenze der UdSSR und des Warschauer Paktes.

Bewaldete Berghänge wechseln sich ab mit steilen Rebkulturen und Früchtegärten. Ab und zu ist ein Hirte mit seiner Schafherde zu sehen. Weit vor uns, am Horizont, machen wir auf den höher gelegenen Hügeln Schnee aus. Die Bergstrasse führt über weite Strecken entlang eines imposant rauschenden Wildbachs.

Im Bergdorf Chulo suchen wir eine Übernachtungsmöglichkeit. Ein Polizist des Dorfes verfüge über Gästebetten, hören wir.

Schulklasse in der Kleinstadt Skra.

# Englisch – Die Sprache der Zukunft

In seinem kargen Zimmer bindet der 25-jährige Robert Else aus Durango, Colorado, frühmorgens seine Krawatte. Der pflichtbewusste junge Mann bereitet sich auf seinen Unterricht vor. In Skra, einem kleinen Dorf unweit von Stalins Geburtsort Gori.

Der Amerikaner ist für knapp ein Jahr in die georgische Provinz gekommen, im Rahmen eines ungewöhnlichen Bildungsprojekts von Präsident Saakaschwili. Dieser holte 2011 gegen 1500 junge Leute mit englischer Muttersprache aus Australien, Kanada und Grossbritannien für ein Jahr nach Georgien. Bis 2014 sollen es gar 10 000 sein.

Wie Robert Else sollen sie den Kindern auch in den entlegensten Dörfern bereits in der ersten Klasse Englisch und etwas von ihrer Kultur beibringen. Dafür bekommen sie ein kleines Stipendium und sind bei einer Gastfamilie untergebracht. Georgien, das einst eine blühende Sowjetrepublik war, kann seine marode Wirtschaftslage nur mit Hilfe des Westens verbessern. Deshalb sollen die Kinder nun Englisch lernen.

## Unvergessliche Erfahrungen für einen Amerikaner

Robert geht täglich eine halbe Stunde zu Fuss auf einer staubigen Strasse zu «seiner» Schule, in der insgesamt etwa 300 Kinder unterrichtet werden. Die Kinder kommen aus den Dörfern der Umgebung, aber auch aus einem Lager für aserbaidschanische Flüchtlinge aus dem Konfliktgebiet Berg-Karabach. Es ist seine erste Anstellung als Lehrer. Unterwegs zur Schule begegnet er auf Schritt und Tritt Arbeitslosigkeit und Armut.

Der Amerikaner macht unvergessliche Erfahrungen in seinem Dorf ohne Internetanschluss, ohne Cafés und ohne Zentralheizung. Besonders angetan haben es ihm die legendäre georgische Gastfreundschaft und Herzlichkeit. Seine Gasteltern, die unter den Sowjets noch Russisch lernen mussten und für die die Amerikaner des Teufels waren, haben ihn wie einen eigenen Sohn aufgenommen. Mutter Irma ist begeistert, dass ihre beiden Söhne nun am Küchentisch Englisch lernen, nicht, weil sie an Georgiens Wirtschaft denkt, sondern weil sie hofft, dass die beiden mit den neuen Sprachkenntnissen vielleicht einmal im Ausland eine Stelle finden könnten.

Vieles läuft schief in Georgien, doch Robert ist Teil einer beeindruckenden Bildungsrevolution. Dieses Land voller Probleme und ohne Rohstoffe investiert in seine Kinder und in sein grösstes Potenzial: Bildung.

*Helen Stehli Pfister*

Irma, die Gastmutter, unterrichtet Robert in Georgisch.

Robert Else lernt auf dem georgischen Nationalinstrument, der dreisaitigen Panduri, zu spielen.

Die Gäste im kleinen Restaurant bewirtet ein Polizist ...    ... der auch noch Imker ist.

Bald kommt uns der gross gewachsene Dschumber Bolkwadse denn auch freudig und mit weit ausholenden Armen entgegen. Er führt uns in schnellem Schritt durch ein enges Gässchen zu seinem Haus. Der Polizeidetektiv ist 49 Jahre alt, mit einer Kinderärztin verheiratet und Vater dreier mittlerweile erwachsener Kinder. Er habe, erklärt er uns, seinerzeit hier im Bergdorf als Mathematiklehrer gewirkt. Weshalb er später zum Polizeidienst gewechselt hat, bleibt trotz intensivem Nachfragen sein Geheimnis.

Bolkwadse ist ein Multitalent. Das Haus, in dem wir drei Betten beziehen, hat er zum Teil selber gebaut; in seiner Freizeit betätigt sich der Polizist unter anderem auch als Imker. Seine Frau wirkt in den Abendstunden ab und zu in der Bar mit, einer einfach eingerichteten Gaststube gleich hinter dem Haus der Familie.

In der Bar wird selbstgemachter saurer Wein angeboten, zum Essen gibt es die berühmten Chinkali, mit gehacktem Fleisch gefüllte Teigtaschen und andere georgische Spezialitäten. Und es ist wie immer in Georgien: Ein Trinkspruch jagt den nächsten, Dschumber Bolkwadse hat die Rolle des «Tamada» übernommen, des Tafelmeisters. Man prostet sich zu: auf die Schweiz, Georgien, die Frauen, den Frieden, das Schweizer Fernsehen ...

### Ein Land von Selbstversorgern

Am nächsten Morgen beim Frühstück erklärt mir Dschumber Bolkwadse, dass es die georgischen Bergbewohner im Vergleich zur Stadtbevölkerung in den letzten Jahren wohl besser verstanden hätten, sich angesichts der schwierigen Wirtschaftslage einigermassen erträglich einzurichten. Man lebe weitgehend als Selbstversorger und versuche, die Region touristisch besser zu erschliessen. Und so ist denn eben der Polizeidetektiv auch noch Hotelier, Imker, Wirt und Fremdenführer ...

Gegensätze wie bei uns: Stadt- und Landbevölkerung.

Im Zentrum von Chulo, dem kleinen Bezirkshauptort zwischen Batumi und Gori, gibt es eine Apotheke und ein Dutzend kleiner Einkaufsläden, in denen einfachste Lebensmittel wie Zucker oder Mehl, Bier oder einzelne Kleidungsstücke angeboten werden.

Kleinbusse mit dem auch auf Deutsch verständlichen Namen «Marschrutkas» sorgen für den Passagiertransport von den entlegenen Dörfern des Tals hinunter bis nach Batumi.

Nach unserer Übernachtung in Chulo bringt mich Dschumber zu einer sehr in die Jahre gekommenen Seilbahn, welche das Dorf in luftiger Höhe mit dem auf der andern Talseite liegenden Weiler verbindet. Der Besuch in den Bergen Georgiens hat uns nach dem Aufenthalt zwischen den futuristischen Fassaden Batumis die andere Seite Georgiens eröffnet: eine ländliche Gesellschaft in einem grossen Garten Eden. Arm an materiellen Gütern, aber durchaus idyllisch. Kommt dazu, dass Georgien mit seiner grossen Biodiversität jeden Naturfreund ins Schwärmen bringt.

### Opfer des Kaukasuskriegs

Msia Gaglojewa Dschodschischwili ist 69 Jahre alt. Sie ist ein Opfer des jüngsten Bügerkriegs in Georgien, jenem in Südossetien, der vor vier Jahren zu einem kurzen, aber heftigen Gefecht unter russischer Beteiligung führte. Die Südosseten sind eine kleine Ethnie, deren Mitglieder sich mit ihren Vettern aus dem russischen Nordossetien vereinigen wollen. Der Südossetierin Msia Gaglojewa Dschodschischwili wurde zum Verhängnis, dass sie mit einem ethnischen Georgier verheiratet war. Mit ihm hatte sie bis zum Ausbruch des Kaukasuskriegs im Sommer 2008 in Vanati, einem Weiler in Südossetien, einen Kleinbauernhof betrieben.

Als der Krieg ausbrach, ist sie aus Angst vor Verfolgung zusammen mit andern Frauen

# Georgien – Ein Paradies?

Wegen seiner geografischen Einbettung, der Kultur und der Gastfreundschaft der Georgier gehört dieses Land seit langem zu den Lieblingsrepubliken, die ich als Auslandskorrespondent betreute.

In Georgien ist man in den Bergen und auch gleich wieder am Meer. In Georgien gibt es ewigen Schnee, aber auch Orangen- und Teeplantagen. Die ältesten christlichen Kirchen, die nach wie vor gut erhalten sind, führen uns bis ins sechste Jahrhundert zurück. Und die georgische Küche ist hervorragend!

## Bürgerkriege mit Abchasien und Südossetien

Leider waren es allerdings meist Probleme, die mich bisher in den Südkaukasus geführt haben. Mit dem Zusammenbruch der UdSSR anfangs der Neunzigerjahre hatten sich nationalistische Stimmungen verstärkt, die insbesondere unter Stalin, aber auch während der übrigen sowjetischen Periode im Zaun gehalten worden waren. Die ersten Bürgerkriege mit den georgischen Teilrepubliken Abchasien und Südossetien anfangs der Neunzigerjahre hätten meines Erachtens verhindert werden können. Wenn nur die georgische Staatsführung nicht so ungeschickt und teilweise chaotisch taktiert hätte. Allerdings spielte Russland damals eine für Georgien wenig hilfreiche Rolle.

Im Sommer 2008 ist der georgische Präsident Micheil Saakaschwili in eine Falle getappt. Er hatte mit seinem Angriffsbefehl auf die südossetische Stadt Zchinwali den Krieg gegen die abtrünnigen Osseten und damit auch gegen Russland ausgelöst, welches sich – auch aus einem gewissen Eigeninteresse – als Schutzmacht der Abchasier und Südosseten versteht. Zehntausende ethnische Georgier sind dabei aus den georgischen Teilrepubliken vertrieben worden, andere sind dort von Freischärlern niedergemetzelt worden. Georgien hat seine Kontrolle über Abchasien und Südossetien wohl auf lange Zeit verloren.

## Auf dem Weg zur Stabilisierung?

In den Jahrhunderten zuvor allerdings war Georgien vor Kriegen weitgehend verschont geblieben. Um allfällige Angriffe aus dem Osmanischen oder aus dem Persischen Reich abzuwehren, hatten die christlichen Georgier zum Teil auch Schutz beim Russischen Zarenreich gesucht. Seit 1801 schliesslich war Georgien ein Teil Russlands.

Heute haben sich die Verhältnisse verändert. Georgien lebt mit der Türkei und dem Iran in guter Nachbarschaft, gestört ist derzeit vor allem das Verhältnis zu Russland. Sicherheitspolitisch versucht sich Georgien an die USA und an die Nato anzulehnen, wirtschaftlich aber wäre es dringend auf eine Normalisierung der Beziehungen zu Russland angewiesen. Denn Russland ist der wichtigste Markt für Georgiens Landwirtschaftsprodukte.

Peter Gysling

In der Vertriebenensiedlung bei Skra.

Richtung Tiflis geflohen. Ihr Mann hatte beschlossen, zurück zu bleiben, um Haus und Vieh gegen allfällige Übergriffe zu verteidigen. Seither habe sie nichts mehr von ihm gehört. Sie gehe davon aus, dass er bei «ethnischen Säuberungen» von südossetischen Schergen umgebracht worden sei.

Mit dem Einbruch der kälteren Jahreszeit konnte die Frau im Dezember 2008 in der kleinen Vertriebenensiedlung bei Skra in der Nähe der Stadt Gori eine einfache Notunterkunft, ein kleines Häuschen mit einem kleinen Garten, beziehen. Das Internationale Komitee vom Roten Kreuz (IKRK) hat hier wie auch an zahlreichen andern Orten im Land solche Notsiedlungen für besonders bedürftige «intern Vertriebene» errichtet – ebenerdige, einfache Kleinsthäuser mit einer Kochnische und einem Plumpsklo ausserhalb des Hauses. Hier hält Msia Dschodschischwili seit vier Jahren ein paar Hühner und bezieht ihre bescheidene Rente. Ihr Sohn, der sich während des Krieges als Student in Tiflis aufgehalten hatte, lebt zusammen mit seiner schwangeren Frau ebenfalls im Haus. Er hat inzwischen sein Ökonomiestudium abgeschlossen, ist aber arbeitslos.

Viele Jüngere, die wir in der Vertriebenensiedlung treffen, wirken nicht besonders initiativ. Sie haben nichts zu tun und schlagen sich ihre Zeit mit dem Basteln an einem lädierten Autowrack oder mit Musikkonsum aus MP3-Playern um die Ohren.

Rund 60 000 Personen sind im August 2008 aus Südossetien geflüchtet. 20 000, so wird geschätzt, sind wieder zurückgekehrt, rund 10 000 Georgier aus Südossetien wohnen heute in Vertriebenensiedlungen.

Der Lebenswille der Frau ist ungebrochen. «Eine wichtige Quelle ist für mich mein Glaube», erklärt sie mir. Schwierig aber sei es nach wie vor, nicht wirklich zu wissen, was mit ihrem Mann geschehen sei.

## In der Hauptstadt Tiflis

In Tiflis treffe ich meinen Freund Lascha. Dieser ist ein stetiger Quell zahlreicher Geschichten um und über Georgien. Er scheint alles und alle zu kennen. Lascha Bakradse leitet in Tiflis das Literaturmuseum. Er empfängt uns in seinem Büro, zeigt uns eine Taschenbibel aus dem zwölften Jahrhundert. Im Keller des Museums stapeln sich Schachteln mit Fotos georgischer Literaten, Zeichnungen, zahlreiche Berichte. Und das ist es, worauf die Georgier besonders stolz sind: ihre vielen Künstler – Dichter, Maler, Musiker. Georgien war in der Sowjetunion immer ein Sehnsuchtsland. Ein Ort, wo alles ein bisschen fröhlicher, schöner und farbiger war als im grauen Moskau.

Bakradse, der fliessend Deutsch spricht, ist Autor des wohl einzigen populären georgisch-deutschen Sprachführers, des Taschenbuchs «Kauderwelsch – Georgisch Wort für Wort» (siehe Buchtipp S. 69).

Peter Gyling mit Lascha Bakradse, dem Autor des Sprachführeres «Georgisch Wort für Wort».

# Gesichter Georgiens

**Sergo Dsirkawidse (70):** «Ich gehe den ganzen Sommer mit den Kühen auf die Alp. Ich bin alt geworden, und manchmal denke ich, dass ich es nicht mehr schaffe. Aber ich bin immer noch da.»

**D. M. (70), Blumenverkäuferin in Batumi:** «Ich kriege eine Rente von 100 Lari (ca. 58 Fr.). Das reicht nicht mal, um die Wohnung zu bezahlen. So komme ich jeden Tag hierher, hocke im Dreck und verkaufe ein paar Rosen, die ich vorher selber kaufen musste.»

**Gulnara Glonti, Lehrerin:** «Ich war Lehrerin, jetzt lebe ich von der Rente. Leben ist zu viel gesagt, denn das Geld reicht nicht mal für die nötigsten Medikamente.»

**Dawid Beridse (58), Bauingenieur in Batumi:** «Ich komme jetzt jeden Tag an den Hafen zum Fischen. Ich bin arbeitslos. Das klingt vielleicht seltsam, wenn man sieht, wie viel hier gebaut wird. Aber ich bin für diese modernen Firmen einfach zu alt. Immerhin werde ich von meinen Kindern unterstützt. Sie arbeiten alle im Ausland und schicken mir Geld zu.»

**Eldar Burdschadse (35), Blumenverkäufer:** «Wenn man nichts Illegales macht und ein wenig schlau ist, kann man hier eigentlich ganz gut leben. Ich habe drei kleine Kinder und verdiene in einem guten Monat vielleicht 1000 Lari (ca. 580 Fr.), das ist nicht viel, aber wir können überleben.»

**Natela Abaschidse, Marktfrau in Batumi:** «Jeden Morgen kommen ich und meine Freundinnen auf den Markt in Batumi. Wir verkaufen selbst gestrickte Pullover, Schals und so weiter. Daneben verkaufe ich Sonnenblumenkernen und sammle Flaschen ein. Kurz: ich tue alles, um ein wenig Geld zu verdienen. Früher war ich Sekretärin, aber den Sprung zum Computer habe ich nicht mehr geschafft.»

**Sonja Gosiani (70) Bettlerin:** «Nie hätte ich gedacht, dass es mit mir einmal so weit kommen werde. Ich bettle, und ich schäme mich dafür. Ich lebe in einem Obdachlosenasyl hier in Batumi. Weil ich keine Familie habe, hilft mir auch niemand.»

**Elena Awetisowa (20), Barfrau:** «Ich habe eine Ausbildung als Barfrau gemacht und in diesem Pub eine ganz gute Stelle gefunden. Später möchte ich im Ausland arbeiten, in Istanbul, Athen oder so. Dort verdient man viel mehr.»

**Dschimber Schawadse (16) und Roland Schawadse (16):** «Wir gehen in die zehnte Klasse. Ich möchte Ingenieur werden und Roland Bauer. Er will den Hof des Vaters übernehmen, aber ich will weg und in der Stadt arbeiten oder im Ausland.»

**Schota Karsiwadse, Chauffeur:** «Diese Luxuslimousine ist mein Geschäft. Von August bis Oktober gibt es viele Hochzeiten, dann kann ich ganz gut davon leben. Der Lincoln hat mich 18 000 Dollar gekostet. Viel Geld! Und wie viel ich schmieren musste, um diese schicke Nummer zu bekommen, das sage ich Ihnen besser nicht!»

**Ilia Achadse, Bauer:** «Ja, überall in Georgien wird gebaut wie verrückt. Aber für uns, die kleinen Bauern, ändert sich gar nichts. Uns fehlt das Geld für Dünger und Diesel. Wir arbeiten wie vor 100 Jahren. Kredite gibt es nur gegen 38 bis 46 Prozent Zinsen. Hoffnungslos!»

**Ilia Beridse (62), Lehrer an der Kapitänsschule Batumi:** «Wir bilden hier in Batumi ausgezeichnete Kapitäne aus, und unsere Jungs finden ohne Probleme Stellen auf griechischen oder türkischen Schiffen. Gegenüber den Russen sind wir bei der Jobsuche im Vorteil: Wir trinken weniger.»

# Gesichter Georgiens

**Murtas Karsawaschwili (55):** «Ich komme jeden Morgen hierher auf den Markt in Gori und verkaufe Autozubehör, Öl, Werkzeuge. Früher war ich Bauingenieur, aber seit dem Zerfall der Sowjetunion schlage ich mich mit diesem Handel durch. Jetzt gibt es aber immer mehr Läden für Autozubehör, und es lohnt sich immer weniger.»

**Joachim Kaldawadse (69),** Mönch in Tiflis: «Ich war ein Beamter, ein strammer Kommunist, bis ich nach der Wende begriffen habe, in welch schrecklichem Irrtum ich bisher gelebt hatte. Ich fand dann Gott, und seither bin ich wirklich glücklich.»

**Tamar Amirchaniani (23):** «Ich studiere Jura und möchte später einmal zur Polizei. Es gibt zwar immer noch etwas Korruption, aber langsam bewegen wir uns auf einen Rechtsstaat zu. Das hoffe ich wenigstens.»

**Tamar Sabanadse (19), Gori:** «Ich studiere Journalismus, und im Moment mache ich ein Praktikum bei einem Fernsehsender. Die Arbeitslosigkeit ist unser grösstes Problem. Ja: Georgien ist schön, aber ich werde versuchen, ins Ausland zu gehen. Hier gibt es zu wenig Chancen.»

**Chatuna Schakulaschwili (39) und Mari Kapanadse (16):** «Heute gehe ich mit meiner Mutter Chatuna shoppen. Viele Leute glauben, wir seien Freundinnen. Uns geht es gut. Mein Vater hat eine Werbeagentur. Wir sind reich und können uns alles leisten, was wir wollen.»

**Irakli Sabaschwili (24), Künstler:** «Mein grosses Hobby ist Reisen. Ich war schon in Griechenland, Italien und Deutschland, und als Nächstes will ich nach Frankreich. Es gefällt mir, dass Georgien sich stark geöffnet hat und plötzlich Touristen hierher kommen. Es ist, als hätte jemand das Fenster geöffnet. Ein frischer Wind.»

Fröhliche Tafelrunden mit Wein und Musik werden von vielen, vielen Trinksprüchen begleitet.

Nach dem Empfang im Literaturmuseum führt er uns über Treppen hoch über die Altstadt und zeigt uns dabei auf persönliche Weise «sein» Tiflis.

Viele Häuser am Hang weisen starke Schäden auf. Einige sind fachgerecht sanft renoviert worden. Bei andern hat man den Eindruck, die Altstadt werde an deren Stelle neu erbaut.

Von einer Verschandelung der Bausubstanz im Stadtzentrum von Tbilissi aber kann keine Rede sein. Die protzigen Villen der Oligarchen, insbesondere der pompöse Präsidentenpalast, den sich Micheil Saakaschwili errichten liess, liegen nämlich etwas ausserhalb des Zentrums. Der Palast Saakaschwilis erinnert ein wenig an das Weisse Haus und wegen seiner Kuppel gleichzeitig an den Deutschen Reichstag.

Auf der Anhöhe gegenüber dem Präsidentenpalast liegt der futuristische Gebäudekomplex, den sich der Multimilliardär Bidsina Iwanischwili vom japanischen Stararchitekten Shin Takamatsu errichten liess. Er erinnert von aussen an eine Klinik oder an einen hypermodernen Hotelkomplex.

Mich persönlich fasziniert Tiflis bei jedem Besuch aufs Neue. Die Altstadt wirkt nicht museal, sie ist äusserst belebt. Überall trifft man auf angenehme Cafés und Strassenrestaurants. Man fühlt sich hier als Gast willkommen. Faszinierend auch, dass man sich mitten im Stadtzentrum um seine eigene Achse drehen kann und dann – je nach Himmelsrichtung, in die man seinen Blick schweifen lässt – mal unmittelbar vor einer georgisch-orthodoxen, dann vor einer armenischen Kirche steht, hinter sich die Synagoge der Stadt entdeckt oder etwas weiter unten, in Flussnähe, eine Moschee. Alle Religionen, so scheint es wenigstens, finden hier in Tiflis seit Jahrzehnten friedlich zusammen.

**Buchtipp:**

**Lascha Bakradse: Kauderwelsch –
Georgisch Wort für Wort**
Reise Know-How Verlag, 2008
Neuauflage, 2008, 192 Seiten
CHF 11.90 / Euro 7.90
ISBN 978-3-89416-278-8

**Bidsina Iwanischwili,** der Grösste! Der Reichste! Der Beste? Sein Reichtum ist unermesslich. Und seine Grosszügigkeit ebenfalls: Bidsina Iwanischwili (56), der Georgier, der es mit sechs Milliarden Privatvermögen auf die Forbes-Liste der Reichsten schaffte, gefällt sich darin, Gutes zu tun. Und seit dem Oktober 2012 ist er auch der einflussreichste Politiker Georgiens.

Peter Gysling zu Besuch beim reichsten Mann Georgiens.

Rund 900 Millionen Dollar hat er nach eigenen Angaben für Georgien bereits gespendet. Kirchenbauten, Landwirtschaftsprojekte, Kunst-Stipendien, Krankenhäuser, Schulen: alles von Bidsina finanziert.

Tschorwila, seinen Heimatort, hat er in ein Muster verwandelt für das, was er gerne seinen «georgischen Traum» nennt. Hier sind die Strassen sauber geteert und sauber gereinigt. Die Häuser neu gebaut. Das Gesundheitswesen ist kostenlos. Die Kranken, Invaliden oder Familien mit vielen Kindern bekommen generöse Unterstützung. Für 17 000 Einwohner gab es kostenlose Heizöfen, Fernsehen ist ebenfalls gratis und ebenso die DVD-Player. Für alles das – vier Spitäler, Häuser, Stipendien, 40 neue Schulhäuser – hat ein Einziger bezahlt: Bidsina Iwanischwili.

Für sich selber hat er in seinem Heimatdorf eine pompöse Villa gebaut, mit angeschlossenem Fitnesscenter und einem Zoo mit Lemuren, Pinguinen und Kängurus.

Hoch über Tiflis: Iwanischwilis Palast aus Glas und Stahl.

## Sammlung moderner Kunst

Iwanischwili ist ohne Zweifel der einflussreichste Privatmann in Georgien. Das ergibt sich nur schon aus der schlichten Tatsache, dass sein Privatvermögen von sechs Milliarden Dollar fast dem halben Bruttosozialprodukt Georgiens entspricht.

Ein Besuch bei Iwanischwili verschlägt einem den Atem: Hoch über der Hauptstadt Tiflis hat sich Iwanischwili als «Businesszentrum» einen Palast aus Stahl und Glas bauen lassen, auf dem Berg, der dem Präsidentenpalast gegenüberliegt. Eine eigentliche Trutzburg, Aug in Auge mit dem Präsidenten. Das Haus ist gefüllt mit Kunstobjekten. Ein Bild von Egon Schiele – im Wert von über 20 Millionen Dollar – hängt über seinem Schreibtisch, in der Ecke eines von Monet und gleich gegenüber ein De Kooning. Allerdings: Es sind alles Kopien. Die Originale liegen in einem Safe in London. Auf Anraten der Versicherung wechselte er die Originale gegen Kopien aus, als er in die Politik ging.

Später sollen die Gemälde in einem Museum zu besichtigen sein, denn er kaufe diese Kunstwerke nicht nur für sich, sagt der Milliardär. «Ich selber bin ein ziemlich gewöhnlicher Mensch, der nichts Besonderes an sich hat», behauptet er. «Das Leben, die Familie, die Freiheit – das sind die Werte, die für mich genauso wie für alle anderen Menschen wichtig sind.»

Der Mann gibt sich gerne bescheiden, ja fast schüchtern. Ein Eindruck, der allerdings in einem gewissen Widerspruch steht zur Rasanz seines wirtschaftlichen und nun auch politischen Aufstiegs.

Anfangs 2012 ist Iwanischwili in die Politik eingestiegen. Das war in vielerlei Hinsicht ein Wendepunkt in seinem Leben. Der etwas scheue Mann war vorher so gut wie unbekannt gewesen. Er gab selten Interviews, kaum etwas war bekannt über sein privates Leben oder über seine Geschäfte. Bei den Parlamentswahlen am 1. Oktober 2012 erreichte seine Bewegung «Georgischer Traum» die absolute Mehrheit der Sitze.

In Georgien war er lange Zeit ein stiller Parteigänger des Präsidenten Saakaschwili gewesen. Der Milliardär gab unter anderem mehr als 100 Millionen aus für neue Polizeiautos, neue Kasernen oder neue Uniformen für die Soldaten. Doch er wurde zunehmend verärgert, als er merkte, wie viel Geld in Georgien immer noch abgezweigt wird. Und die sture Haltung des Präsidenten gegenüber Russland störte ihn zunehmend. So brach er mit dem Präsidenten und gründete ein Parteienbündnis, den «Georgischen Traum», und machte sich daran, die politische Macht im Land herauszufordern. Bei den

Für dieses dominante Gemälde von Lucian Freud hat Iwanischwili 35 Millionen Dollar hingeblättert.

Parlamentswahlen im Oktober 2012 wurde Iwanischwili schliesslich zum Ministerpräsidenten gewählt.

Im Gespräch mit Peter Gysling begründete er sein politisches Engagement so: «Ich hatte ja meine Geschäfte in Russland. Ich liebte Georgien und wollte meiner Heimat helfen, aber der Präsident Georgiens wählte gegenüber Russland eine aggressive Rhetorik, die die ganzen Beziehungen in wenigen Monaten zerstörte. Er konnte einfach die Zunge nicht zügeln und hatte keinerlei diplomatisches Talent.»

### Eine Traumkarriere

Iwanischwili ist als jüngstes von fünf Kindern in Tschorwila geboren. Sein Vater war Minenarbeiter. Alle im Dorf waren arm. Der junge Bidsina fiel auf durch seinen Fleiss und seine Intelligenz. Mit 13 Jahren organisierte er Baubrigaden, später ging er in eine Abendschule, die er selbst finanzierte, indem er in einer Giesserei arbeitete. Doch er blieb nicht lange Zeit Arbeiter, bald war er Chef der Finanzabteilung. Doch auch hier kündigte er bald wieder. Dann nämlich, als er herausgefunden hatte, dass das ganze Management der Firma viel Geld durch Platin- und Diamantenschmuggel verdiente. Sagt er heute. «So wurde man quasi automatisch zum Kriminellen», sagte er gegenüber der Zeitschrift *Forbes*.

Er ging weg von Georgien und machte in Russland eine fulminante Karriere. Nach einem Abschluss in Ökonomie schloss er sich mit seinem Studienkollegen Witali Malkin zusammen. Sie verkauften Computer und Telefone und besassen um 1990 ein Kapital von 100 000 Dollar, mit dem sie die Bank «Rossiski Kredit» gründeten.

Die Bank betrieb nicht nur ein florierendes Geschäft mit Kleinkunden, sie wurde auch zur Hausbank mehrerer staatlicher Organisationen wie etwa der Steuer- und Zollbehörden. In diesem Filz zwischen Behörden, ehemaligen Funktionären und den neuen Kapitalisten wusste sich Iwanischwili so zu bewegen, dass sein Vermögen sich in wenigen Jahren vervielfachte. Über die Methoden in dieser Zeit der wilden Kapitalakkumulation spricht er nur ungern. Da unterscheidet er sich nicht von den anderen Oligarchen.

Als die sowjetische Industrie anfangs der Neunzigerjahre Jahre privatisiert wurde, gelang es Iwanischwili, viele der ehemaligen Staatsbetriebe zu einem Schnäppchen-Preis zu kaufen. Dank der Einlagen seiner Bankkunden. Er spezialisierte sich auf Metalle und Edelmetalle, ein Gebiet, das er seit seinen Tagen in den Giessereien Georgiens bestens kannte.

Iwanischwili sagt, seine Geschäftspraktiken seien immer sauber gewesen und aus manchen Konflikten, die andere in dieser wilden Zeit des russischen Kapitalismus das Leben gekostet hatten, habe er sich rechtzeitig zurückziehen können. So liess er die Finger vom Aluminiumgeschäft, als einige seiner Partner gewaltsam ums Leben kamen und er selber mit Drohungen angefeindet wurde.

**«Das ist der dümmste und schlimmste Krieg, den man sich vorstellen kann»**

Iwanischwilis Vermögen wuchs im gleichen verrückten Tempo wie der Wert der russischen Wirtschaft. Ein Beispiel: Die Giesserei von

«Das Leben, die Familie, die Freiheit – das sind die Werte, die für mich genauso wie für alle anderen Menschen wichtig sind»

Stoilinsk kaufte er für 150 000 Dollar. 15 Jahre später war sie 500 Millionen wert.

Im Jahr 2002 zog Iwanischwili mit seiner Familie nach Frankreich. Er sammelte wie besessen Kunst und hat heute eine Sammlung, deren Wert auf eine Milliarde Dollar geschätzt wird. Dann begann er seine Residenz in Tiflis zu bauen, und ziemlich genau zur Rosenrevolution kehrte er in seine Heimat zurück. In dieser Rosenrevolution fegte die Bewegung des populären und jungen Micheil Saakaschwilis die alte Regierung des früheren sowjetischen Aussenminister Eduard Schewardnadse weg. Die friedliche Revolution verbesserte vieles in Georgien. Aber trotzdem wurde das Verhältnis zwischen dem Milliardär und dem Präsidenten immer gespannter, besonders wegen des Bürgerkriegs um Südossetien.

«Das ist der dümmste und schlimmste Krieg, den man sich vorstellen kann. Es wurde drei oder vier Tage lang aus irgendeinem ossetischen Ort auf georgische Dörfer geschossen. Statt ausländische Beobachter einzuladen und die Situation zu beruhigen, liess sich der Präsident hineinziehen. Und am Schluss haben wir durch diesen Bürgerkrieg fast einen Drittel unseres Territoriums verloren.» Dieser Krieg um Südossetien wurde durch die russische Intervention entschieden, und das Verhältnis zum grossen Nachbarn war endgültig zerstört.

Kein Wunder, dass der Milliardär, dessen Geschäftsbasis Russland gewesen war, immer unzufriedener wurde mit dem Präsidenten, den er für unberechenbar hielt und mit dem er schliesslich brach, um das zu werden, was er inoffiziell schon lange war: der mächtigste Mann im Land.

Christoph Müller

Studentinnen in Georgien: Eine gut ausgebildete Bevölkerung ist Georgiens Kapital.

## Besuch beim Multimilliardär Iwanischwili

Bei dem Besuch bei Bidsina Iwanischwili kommt uns dieser gleich am Eingang freudig entgegen. Der etwas hagere Georgier mit dunklem, langem Haarwuchs führt uns mit quirligen Gesten durch seine Gemächer. Unter anderem durch einen Konferenzsaal, den er per Knopfdruck zu einer Disco oder in einen Kleintheatersaal umfunktionieren kann. Schliesslich stehen wir auf einer riesigen Terrasse mit herrlichem Blick über ganz Tiflis.

Ja, er sei tatsächlich sehr reich, meint Iwanischwili. Deshalb habe er auch beschlossen, maximal zehn Prozent seines Eigentums für sich selbst zu verwenden. Der Hauptteil seines Kapitals solle der georgischen Bevölkerung zur Verfügung stehen.

Anfänglich habe er mit Begeisterung die Politik des derzeitigen georgischen Präsidenten Saakaschwili unterstützt und dabei auch viel Geld in die Renovation von Spitälern, öffentlichen Einrichtungen, in den Bau von Strassen oder auch für staatliche Sozialhilfen zur Verfügung gestellt. Doch seit dem Krieg um Südossetien vom August 2008 wolle er nichts mehr mit Saakaschwili zu tun haben. Der Präsident habe sich zu einem autoritären Herrscher gewandelt und untergrabe die demokratischen Grundsätze, welche einst von der von Saakaschwili selbst mitangeführten georgischen Rosenrevolution eingefordert worden seien. Deshalb, habe er beschlossen, in der georgischen Politik mitzumischen. Und er tat dies fulminant, wie es seine Art ist: Bereist bei den Parlamentswahlen am 30. September 2012 gewann seine Bewegung «Georgischer Traum» die Mehrheit und damit auch den Anspruch auf den Sitz des Ministerpräsidenten.

Dass er in den letzten Jahren in seinem Heimatdorf Tschorwila ohne jede Bedingungen Geld an die dortigen Bewohner verteilt habe, sei wohl ein konzeptioneller Fehler gewesen. Besser

Das populäre Domino-Spiel gelangte aus China über die Seidenstrasse nach Westen.

wäre, gesteht Iwanischwili im Gespräch offen ein, dort mit dem Blick auf längere Nachhaltigkeit Arbeitsplätze zu schaffen.

### Ein moderner Pferdemarkt

*Auf unserem Weg nach Aserbaidschan machen wir einen kleinen Umweg über Rustawi. Auf der heutigen Seidenstrasse nämlich nimmt die unter Stalin erbaute Industriestadt einen besonderen Stellenwert ein. In Rustawi befindet sich der grösste Automarkt im Kaukasus. Der Handel mit alten Autos ist – sieht man von den europäischen Spendengeldern und den Überweisungen der Exilgeorgier ab – die wichtigste Finanzquelle der georgischen Volkswirtschaft.*

*Schon von Weitem glitzern uns die glänzenden Karosserien der Toyotas, VWs, Opel, Mercedes oder Luxus-Fahrzeuge entgegen. 7000 Personenwagen stehen auf den riesigen offenen Verkaufsflächen. Jeden Tag wechseln hier Hunderte von ausgedienten Personenwagen aus Westeuropa und den USA, die in die Häfen von Poti und Batumi verschifft worden waren, ihre Besitzer. Eine ukrainische Firma stellt in Rustawi die Infrastruktur für den Autohandel zur Verfügung. Zum Verkaufsgelände gehören sowohl das Zollgebäude, ein Hotel, ein Restaurant und ein Abfertigungsschalter der Strassenverkehrsbehörde.*

*Awtandil Saradse verkauft allein in den drei Stunden, in denen wir ihn und die Abläufe auf dem Markt beobachten, drei luxuriöse japanische Limousinen, die er vergleichsweise preisgünstig aus den USA nach Georgien hatte verschiffen lassen.*

*Der Verkauf selbst geht sehr zügig über die Bühne. Interessenten können auf dem streng überwachten Verkaufsareal ein paar Proberunden drehen, unterschreiben ein Dokument, zahlen den Kaufpreis in bar und begeben sich mit dem erworbenen Fahrzeug zu den Schaltern der Zoll- und Verkehrsbehörde, welche für eine erstaunlich effiziente Abfertigung garantieren.*

BOOM-BRANCHE RELIGION

# Die georgische Orthodoxie auf Erfolgskurs

Überall in Georgien werden alte Kirchen renoviert und neue gebaut. Glaubensangelegenheiten sind zu einer eigentlichen Boom-Branche geworden.

«Heute gibt es in unserem Land 12 000 Kirchen, zu Sowjetzeiten waren es gerade mal 200», sagt Padre Giorgi Swiadadse, der Rektor der Geistlichen Akademie in Tiflis. «Ja», sagt er, «das haben wir alles unserem klugen, barmherzigen und heiligen Patriarchen Ilia II. zu verdanken, der diese Kirche wieder aufgebaut und gestärkt hat. Ihm ist gelungen, dank seiner Liebe zu den Menschen, die Leute wieder in die Kirche zu bringen.»

Der alternde Patriarch, Ilia II., der die georgisch-orthodoxe Kirche seit 1977 leitet, gilt als ein liebenswürdiger Mann, der nach Harmonie mit allen strebt. Gegen Ende der Sowjetzeit, 1989, stellte er sich auf die Seite der Demonstranten, deren Marsch durch das Zentrum von Tiflis blutig unterdrückt worden war. In den «finsteren Zeiten» Georgiens, als zu Beginn der Neunzigerjahre der Konflikt um die abtrünnige Provinz Abchasien das Land ebenso erschütterte wie die Bürgerkriege zwischen verschiedenen Gruppen von Kriegsfürsten, versuchte Ilia II. zwischen den Fronten zu vermitteln. Weil die Kirchenoberen sich in die Tagespolitik angeblich nicht einmischen wollten, versuchte Ilia II. immer, zu allen Politikern ein gutes Verhältnis zu finden – sogar zu solch kriminellen Figuren wie Dschaba Iosseliani (1926–2003), dem selbsternannten Kriegsherren der Neunzigerjahre, dessen Freischärler, die *Mchedrioni* (dt. «Georgische Reiter»), berüchtigte Schlächter und Vergewaltiger waren.

Hinter den Kulissen deuten sich die Debatten um die Nachfolge von Ilia II. an, der 1933 geboren ist. Diese wird entscheidend sein für den künftigen Kurs der georgischen Orthodoxie: Wird sie die Öffnung der georgischen Gesellschaft mitmachen, oder wird sie weiterhin auf einem restriktiven, geschlossenen Kurs verharren, den heute viele Mitglieder der konservativen Gruppierungen befürworten?

«Die georgische Orthodoxie ist heute zutiefst antiwestlich und antiliberal», sagt der ehemalige Mönch und Kirchenkritiker Beka Mindiaschwili. «Die Kirche bekämpft die Homosexualität ebenso wie die voreheliche Liebe, und sie hat sich gegenüber den anderen Weltkirchen ebenso abgeschottet wie gegenüber der Ökumene.» Mindiaschwili, der heute georgischer Ombudsmann für kirchliche Angelegenheiten ist, wirft der Kirche vor, zutiefst chauvinistisch zu sein. Tatsächlich ist Patriarch Ilia II., der von 1977 bis 1983 den Weltkirchenrat präsidierte, mit der georgischen Kirche aus diesem Weltrat der Ökumene wieder ausgetreten – eine Konzession an die orthodoxen Fundamentalisten in seinen Reihen. Diese finden sich vor allem in den Klöstern Georgiens. Sie träumen von einer Gesellschaft, die sich streng an die kirchlichen Regeln hält.

## Konflikte mit religiösen Minderheiten

In den Neunzigerjahren gab es starke Konflikte der Georgischen Orthodoxen Apostelkirche mit anderen christlichen Kirchen. Katholische Kirchen wurden teilweise enteignet, und gegen Minderheiten wie die Zeugen Jehovas oder die Baptisten wurde Gewalt angewendet. Erst seit dem Juli 2011 haben nichtorthodoxe Religionsgemeinschaften, die einen Bezug zum Land haben, einen rechtlich abgesicherten Stand.

«Christentum, Orthodoxie, Vaterland: das ist es, was für uns zählt. Und zwar in dieser Reihenfolge», sagt Padre Giorgi Swiadadse. Die Kirche ist enorm populär in Georgien. 85 Prozent der Georgier sind orthodoxe Christen und 60 Prozent sagen von sich, dass sie regelmässig zur Kirche gehen.

Geschäftsleute, die etwas auf sich halten, stiften grosse Summen, um Kirchen zu renovieren oder neu zu bauen. Die Sameba-Kathedrale in Tiflis, der Sitz des Patriarchen, wurde von verschiedenen georgischen Oligarchen bezahlt, unter anderem vom Milliardär Bidsina Iwanischwili (siehe Porträt S. 70–73). 50 Millionen Euro soll das riesige neue Kirchengebäude gekostet haben. Doch Zahlen sind mit Vorsicht zu geniessen. Was die Finanzen betrifft, ist man auch in der Kirche ziemlich zugeknöpft.

Die Sameba-Kathedrale mit ihrem Sitz hoch über dem Präsidentenpalast auf dem Elias-Hügel neben dem Fluss Mtkwari ist das Symbol für die «nationale und religiöse Wiedererstehung Georgiens». Und sie verweist gleichzeitig auf

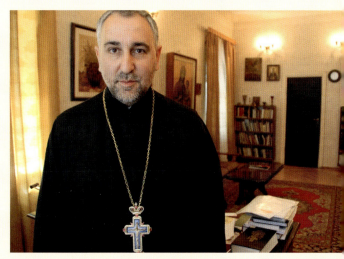

Padre Giorgi Swiadadse, Rektor der Geistlichen Akademie in Tiflis.

Vor den Kirchen Georgiens versammeln sich viele Bettlerinnen.

Das Höhlenkloster in Wardsia: Nach und nach werden die Klöster wieder benutzt.

Die neue Sameba-Kathedrale: der Sitz des Patriarchen.

die lange und bedeutende Geschichte der georgischen Kirche, die auf das vierte Jahrhundert zurückgeht. Im Jahr 344 wurde sie zur Staatsreligion des damaligen Iberia oder Kartlien erklärt. Über Jahrhunderte gehörte die Kirche dann zu anderen orthodoxen Kirchen, bis sie schliesslich 1010 autonom wurde. Diese sogenannte Autokephalie verlor sie zeitweise wieder, als Georgien 1801 ein Teil Russlands wurde.

In der Sowjetzeit wurden in Georgien Hunderte von Kirchen geschlossen oder zerstört, und in der Regierungszeit von Stalin – ursprünglich ein gebürtiger Georgier – wurden Hunderte von Mönchen umgebracht. Diese Repression ging auch unter Nikita Chruschtschow weiter. Erst in den Siebzigerjahren, als Eduard Schewardnadse Generalsekretär der georgischen Kommunistischen Partei wurde, entwickelte sich eine grössere Toleranz gegenüber der Kirche, und Ilia II. konnte ab 1977 einzelne Kirchen wieder renovieren und sogar neue bauen lassen.

Christoph Müller

Ausserhalb von Rustawi befindet sich der grösste Automarkt zwischen Europa und Zentralasien.

Damit sich die zum Teil weit hergereisten Autointeressenten auch abends wohl fühlen, spielt im Hotel des Automarktes an gewissen Abenden auch eine ukrainische Musikgruppe auf.

Der Autohandel hat der serbelnden Industriestadt Rustawi in ihrer grossen Krise einen gewissen Aufschwung beschert. Jedes Fahrzeug, das hier verkauft wird, muss zuvor gewartet und administriert werden. Der Automarkt sorgt für Arbeit und Einkommen. Jedenfalls bei den Händlern, den Transporteuren, den Zöllnern, den Mitarbeitern des Strassenverkehrsamts, dem Bewachungspersonal, den Hotelangestellten und jenen, die in den umliegenden Autowerkstätten arbeiten.

Während das Blech auf dem Gelände des Automarktes auf Hochglanz poliert wird, präsentiert sich die einstige Stahlfabrik von Rustawi als rostige Ruine. Die meisten Betriebsgebäude sind zu Skeletten verfallen. Ein Wächter der Fabrik ist offenbar nur damit beauftragt, ungebetene Besucher vor Unfällen zu schützen und diese deshalb von einem Zutritt aufs Fabrikgelände abzuhalten. Nur aus einem einzigen der zahlreichen Schornsteine entweicht ein ockerfarbener Rauch.

Unter Stalin sind hier Mitte des letzten Jahrhunderts Tausende von Stahlarbeitern angesiedelt worden, jetzt geht hier praktisch nichts mehr.

Während die Regierung unter Micheil Saakaschwili in Batumi oder Kutaissi investiert, wird für die Menschen von Rustawi vergleichsweise wenig getan. Präsident Saakaschwili hat nach der Rosenrevolution zwar einiges erreicht und zum Beispiel die Korruption im Polizeiapparat bekämpft. Sein Regime aber ähnelt mittlerweile in vielen Bereichen demjenigen anderer autoritärer Potentaten.

Weil sich die Wähler in der Hauptstadt Tiflis immer mehr von ihm abwendeten, versuche er die Schwarzmeerstadt Batumi aufzuwerten und mit dem Parlament in die Stadt Kutaissi umzuziehen, sagen manche politische Beobachter.

*Als der liebe Gott das Land an die Völker verteilte, verspäteten sich die Georgier. «Ich habe nichts mehr», sagte der liebe Gott zunächst erzürnt, «alles Land ist bereits vergeben.» Doch die Fröhlichkeit und der Charme der Georgier, die vor ihm standen, stellten ihn versöhnlich. «Also wartet», sagte er zu ihnen, «ich habe da noch einen Flecken Erde, den ich eigentlich für mich behalten wollte. Den könnt ihr haben.»*

Und so kamen die Georgier zu ihrem kleinen Paradies. Es reicht von der subtropisch-feuchten Tiefebene im Westen bis zum Grossen Kaukasus im Norden und zum Rand des vulkanischen Armenischen Hochlands im Osten und bietet auf engstem Raum eine grosse Vielfalt an landschaftlichen Schönheiten.

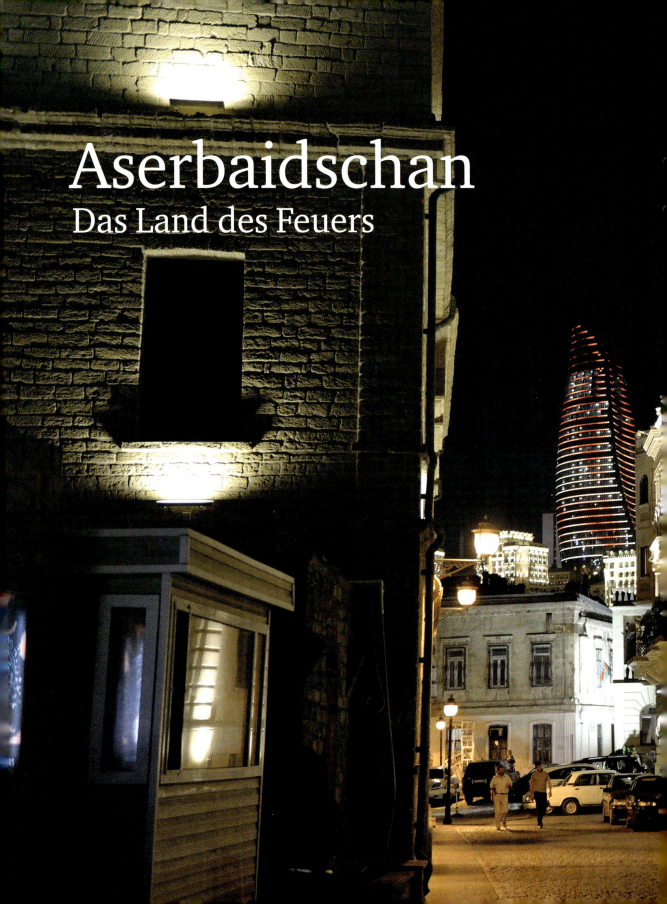
# Aserbaidschan
Das Land des Feuers

## Aserbaidschan in Kürze

| | |
|---|---|
| **Hauptstadt:** | Baku |
| **Fläche:** | 86 000 km², gut doppelt so gross wie die Schweiz |
| **Einwohnerzahl:** | 9,2 Millionen |
| **Staatsform:** | Republik |
| **Staatsoberhaupt (2012):** | Präsident Ilham Aliyev |
| **Amtssprache:** | Aserbaidschanisch, das sehr nah mit dem Türkischen verwandt ist |
| **Religion:** | am weitesten verbreitet ist der Islam, aber es leben auch Minderheiten von Christen und Juden in dem Land |
| **Höchster Berg:** | Bazardüzü mit 4485 Metern |
| **Wirtschaft:** | «Griechisches Feuer» wurde es im Mittelalter genannt, Erdöl nennen wir es heute. In Aserbaidschan, vor allem auf der Halbinsel Abseron, liegen einige der ältesten industriellen Produktionsstätten von Energieträgern wie Öl und Gas. Bis heute gehören sie zu den wichtigsten Exportprodukten der Region. Trotz des Ölreichtums lebt ein grosser Teil der Bevölkerung unter der Armutsgrenze. |
| **Geschichte:** | Aserbaidschan war immer wieder ein Spielball der umliegenden Grossmächte. Es gehörte lange Zeit zu Persien, dann zu Russland und schliesslich zur Sowjetunion. Seit 1991 ist das Land unabhängig. |
| **Politik:** | Der Staatspräsident Ilham Aliyev übernahm die Nachfolge seines verstorbenen Vaters. Stärkste Oppositionspartei im jungen Staat ist die Aserbaidschanische Hoffnungspartei, die 2003 den Vorwurf des Wahlbetrugs äusserte. Aserbaidschan steht in einem Konflikt um Nagorni Karabach und um eine von den Armeniern besetzte «Sicherheitszone». |

AUS DEM TAGEBUCH VON PETER GYSLING

*Die aserbaidschanische Grenze erreichen wir bei der georgischen Grenzstadt Lagodechi. Der Grenzübertritt gestaltet sich überraschend einfach. Bald erreichen wir die Stadt Scheki. Die Karawansereien und der Khanatspalast der Stadt zählen zu den schönsten Sehenswürdigkeiten Aserbaidschans. Die Stadt am Südfuss des Grossen Kaukasus schaut auf eine 2500-jährige Geschichte zurück und zählt zu den ältesten Zentren Transkaukasiens. Wir lassen uns von der orientalischen Atmosphäre und der speziellen Ruhe, welche die Stadt ausströmt, in Bann ziehen.*

*Scheki*

*Mitten in der Altstadt von Scheki befinden sich der Laden und die Backstube des 32-jährigen Halvabäckers Abulfaz Samadov. Er stellt in sechster Generation – zusammen mit seiner Ehefrau, seinem Sohn und einem Angestellten – die beliebten Nusswaffeln her, die mit Zucker und Honig gesüsst sind und auch in seinem Geschäft in verschiedensten Variationen angeboten werden. Samadov zeigt uns, wie die Nuss- und Zuckerpaste zwischen ein Netz gepackt wird, das er zuvor mit grossem Geschick aus feinsten Teigfäden gefertigt hat. Halva (oder Baklava) wird in vielen Ländern des Orients auf unterschiedlichste Art hergestellt.*

Halva heisst die aserbaidschanische Süsswarenspezialität, die aus Mehl, Nüssen, Öl und Zucker zubereitet wird.

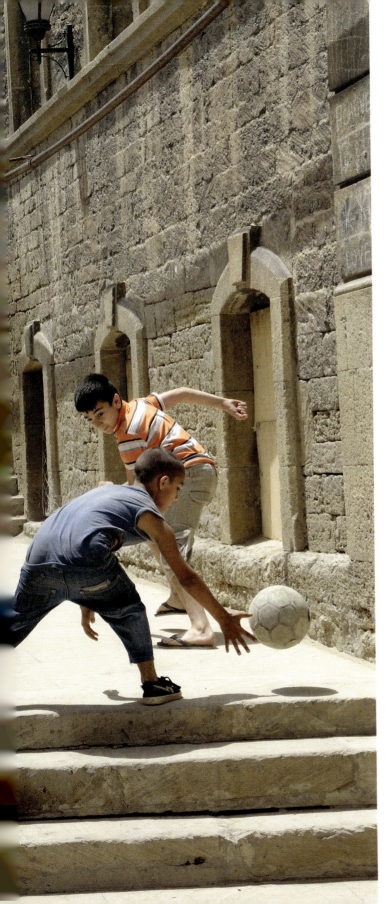

**Weil kurz vor unserer Einreise in der** aserbaidschanischen Hauptstadt Baku der Eurovision Song Contest stattfand, an dem sich Aserbaidschan von seiner besten Seite präsentierten wollte, hatten wir wenig Probleme, Journalistenvisa für unsere Dokfilmserie entlang der Seidenstrasse zu erhalten.

Sonst aber ist es für die meisten Medienschaffenden nicht einfach, eine Einreiseerlaubnis nach Aserbaidschan zu erhalten. Ähnlich wie in Usbekistan ärgert sich die autoritäre Regierung in Baku, wenn ausländische Medien über die politischen Gefangenen, über die Folter in den Gefängnissen, über die zahlreichen Demokratiedefizite und über die Korruption im Land berichten.

Wir gehen in unserer Serie auf die faszinierenden Schönheiten des Landes ein, aber auch die Schwierigkeiten seiner jüngeren Geschichte. So reden wir auch über den Konflikt um die Enklave Berg-Karabach und über das Schicksal der Vertriebenen. Wir gehen auf die fortschreitende Modernisierung ein, welche die wichtigsten Wirtschaftsstandorte des Landes prägt, wir bringen aber auch die Menschenrechtsverletzungen unter dem autoritären Regime von Präsident Ilham Aliyev zur Sprache.

ASERBAIDSCHAN

Der Eingang zum Haydar-Aliyev-Park. Die Bilder des verstorbenen Patriarchen sind allgegenwärtig.

### *Aliyev auf Schritt und Tritt*

Überall im Land, in den grossen Städten an fast jeder Strassenecke, an den meisten öffentlichen Gebäuden, aber auch vor dem Eingangstor zur Teppich- und Seidenfabrik von Scheki prangt unübersehbar ein riesiges Plakat mit dem Konterfei des 2003 verstorbenen ehemaligen aserbaidschanischen Herrschers Haidar Aliyev.

Er ist der Vater des jetzt amtierenden Ilham Aliyev, der ihm in nichts nachsteht. Zahlreiche Plätze, Strassen oder auch der Flugplatz in Baku tragen seinen Namen. Haidar Aliyev wird der Bevölkerung nicht bloss als ehemaliger Politiker, sondern als Übervater präsentiert, dem das Land und dessen Leute alles Gute zu verdanken haben und dessen Wirken niemand ungestraft öffentlich kritisiert.

Teppichweberinnen in Scheki.

## Aserbaidschanische Seidenteppiche

Im einstigen Lenin-Kombinat von Scheki waren über 10 000 Mitarbeiterinnen und Mitarbeiter beschäftigt. Nach dem Zusammenbruch der UdSSR ist es der Führung der jetzt privatisierten «Scheki-Seiden-Aktiengesellschaft» gelungen, mit der Produktion von Seidenstoffen und der Teppichweberei wenigstens knapp tausend Arbeitsplätze zu schaffen. Vor allem für Frauen aus der Region, die hier – nach alten Vorgaben und traditionellem Handwerk – schöne Seiden- und Baumwollteppiche mit geometrisch angeordneten Mustern knüpfen und weben.

Während mehrerer Stunden dürfen wir den Teppichmacherinnen über die Schultern schauen. Ihr flinkes Arbeiten fasziniert uns. Wir haben Mühe, mit blossem Auge mitzubekommen,

*Die drei Flame Towers sollen dereinst* dem staatlichen aserbaidschanischen Energiekonzern Socar als Hauptsitz dienen. Die Firma Socar wird ab 2013 in der Schweiz rund 170 ehemalige Esso-Tankstellen betreiben. Der Konzern ist wegen seiner Geschäftspolitik umstritten. Er wird von der Vetternwirtschaft des Präsidentenclans beherrscht und gilt in Aserbaidschan als eine Art Staat im Staat.

Ein Personalausweis von Socar kann Wunder wirken. Wer sich als Socar-Exponent ausweist, kann fast jede Art von behördlicher Bewilligung bekommen.

Bei der Zwangsräumung verschiedener Wohnhäuser in einem Vorort von Baku im April 2012 waren gemäss Amnesty International auch zahlreiche Socar-Sicherheitsleute beteiligt. Diese seien äusserst brutal gegen die überraschten Bewohner vorgegangen und hätten auch auf Journalisten eingeprügelt, welche die Zerstörung der Wohnhäuser filmen wollten, die einer neuen Ölförderanlage von Socar weichen mussten.

# Konflikt um Berg-Karabach

Das rund viereinhalbtausend Quadratkilometer grosse Berggebiet Karabach gehört völkerrechtlich zu Aserbaidschan. Faktisch aber wird es von Armeniern beherrscht, die dort ihre eigene – international nicht anerkannte «Republik Nagorni Karabach» ausgerufen haben und Berg-Karabach sowie eine breite «Sicherheitszone» ausserhalb Karabachs, die ebenfalls zu Aserbaidschan gehört (insgesamt etwa einen Sechstel des aserbaidschanischen Territoriums), besetzt halten.

Die Vertriebenen aus Nagorni Karabach leben in einfachsten Verhältnissen.

Anfangs der Neunzigerjahre, als in der sich auflösenden Sowjetunion nationalistische Strömungen stärker wurden, versuchten sich die christlich-orthodoxen Armenier in Karabach von den muslimischen Karabach-Aserbaidschanern abzugrenzen. Die regionale, von Armeniern dominierte Regierung Karabachs führte eine Volksabstimmung durch und rief 1991 die staatliche Eigenständigkeit aus. Es kam zu einem Bürgerkrieg, der über 40 000 Tote forderte und bei dem mehrere Hunderttausend Menschen, hauptsächlich Aserbaidschaner, vertrieben wurden.

Unterstützt von der armenischen und russischen Armee haben die Karabach-Armenier einen Waffengang im Jahr 1994 für sich entschieden; es wurde zwar ein Waffenstillstand vereinbart; der Konflikt um die territorial umstrittene Region aber harrt seither einer friedlichen Lösung.

## Vergebliche Suche nach einer Friedenslösung

Entlang der 180 Kilometer langen Frontlinie stehen sich auch heute mehrere Zehntausend hoch gerüstete Soldaten gegenüber. Diese bewegen sich in Schützengräben, die oft nur gerade 25 bis 100 Meter von den Stellungen der Gegenseite entfernt liegen. Immer wieder kommt es hier zu Schusswechseln, jedes Jahr fordern die Grenzscharmützel zwischen armenischen und russischen Soldaten auf der einen und aserbaidschanischen Soldaten auf der andern Frontseite Dutzende von Toten.

Die «Minsker Gruppe» der Organisation für Sicherheit und Zusammenarbeit in Europa (OSZE) versucht seit Jahren ergebnislos, eine Friedenslösung zu vermitteln. Bei diesen Verhandlungen wird einerseits um die sogenannte Sicherheitszone rund um Karabach, aber auch um die Zukunft des heute ausschliesslich von Armeniern bewohnten Gebiets Berg-Karabach gerungen.

Viele aserbaidschanische Karabach-Vertriebene setzen darauf, dereinst wieder in ihre angestammten Gebiete zurückziehen zu können, oder sie hoffen auf ein festes Zuhause in Aserbaidschan. Obwohl der Streit um Karabach seit über 20 Jahren ungelöst ist, nutzt die Regierung in Baku die aserbaidschanischen Karabach-Vertriebenen noch immer als «Verhandlungspfand». Wenn den Vertriebenen ein neues festes Zuhause innerhalb von Aserbaidschan zugewiesen würde, wären diese keine Vertriebenen mehr, und man könnte aus deren Schicksal kein politisches Kapital mehr schlagen.

Peter Gysling

wie die verschiedenen Farbfäden miteinander kombiniert und einander beim Knüpfen zugeordnet werden.

An einem zwölf Quadratmeter grossen Teppich seien fünf Frauen jeweils während etwa neun Monaten beschäftigt, sagt uns Azad Schichaliyev, der Direktor der Fabrik.

### Vertriebene aus Berg-Karabach

Auf unserer Weiterfahrt vom Nordwesten Aserbaidschans aus zum Kaspischen Meer, nach Baku, treffen wir mitten in Landwirtschaftszonen mehrmals auf äusserst einfache, provisorisch errichtete Siedlungen, die aserbaidschanischen Vertriebenen aus Berg-Karabach seit mehreren Jahren als Notunterkunft dienen. Die Vertriebenen treiben hier mit einfachsten Mitteln Landwirtschaft und verkaufen ihr Obst, ihr Gemüse und Fleisch an improvisierten Kiosken, die entlang der Durchgangsstrassen aufgestellt sind.

Wir besuchen eine solche Vertriebenenfamilie. Sie lebt seit 17 Jahren in einem Lehmhaus, das im Winter kaum beheizt werden kann. Die Fensterluken sind mit Plastikfolien dicht gemacht. Wasser holt sich die Familie aus dem nahen Ziehbrunnen. Als Küche dient eine einfache Kochnische mit einem Gasrechaud.

Sie hoffe zusammen mit ihren Nachbarn, dereinst in ihre Heimat in der Nähe von Latschin zurückkehren zu können. Ein Umzug in die Hauptstadt Baku oder in eine andere Stadt des Landes, erklärt die Frau, werde ihnen derzeit verwehrt. Sie streckt die Hand über den Kopf, zeigt mit dem Finger nach oben und bedeutet, dass wohl dort, im Himmel, die Weichen für eine Verbesserung ihres Schicksals gestellt werden müssten.

Die Vertriebenen der Region Berg-Karabach hoffen, dereinst wieder in ihre Heimat zurückzukehren.

***Etwa neun Millionen Menschen*** *leben in Aserbaidschan – davon die Hälfte in Städten. Aufgrund des Konfliktes in Berg-Karabach leben 600 000 bis 700 000 Aserbaidschaner als intern Vertriebene unter prekären Lebensbedingungen.*

## Baku

Wir nähern uns dem Zentrum der aserbaidschanischen Hauptstadt nicht aus der Richtung des internationalen Flughafens, sondern gewissermassen durch die Hintertüre: über eine Regionalstrasse, welche die abgelegenen Nordregionen des Landes mit Baku verbindet.

Die Vororte hier erinnern mich an Slum-Viertel. Erst als wir dem eigentlichen Stadtzentrum näher kommen, zeigt sich Baku von jener Seite, mit der es sich seit ein paar Jahren gerne präsentiert. Die Verwaltungsgebäude der Ölfirmen, die man in der sowjetischen Periode zum Teil hatte verkommen lassen, sind aufs Schönste restauriert. Die Strassen, die Trottoirs, die Fassaden entlang des «Nobelprospekts» wirken so, als würde man sich mitten in London oder Paris befinden. Drei futuristisch anmutende, innen noch nicht ausgebaute Hochhäuser, die sogenannten Flame Towers des britischen Stararchitekten Norman Foster, thronen über der herausgeputzten Altstadt. Nachts werden diese Flammentürme abwechselnd in den aserbaidschanischen Landesfarben und – in schnellem Rhythmus – goldgelb beleuchtet, sodass man den Eindruck gewinnen soll, die drei Gebäude loderten als grosse Ölflammen in den Nachthimmel.

Auf den Strassen im Stadtzentrum dominieren Personenwagen der gehobenen Mittel- und der Luxusklasse. Marmorverzierte Fussgängerunterführungen mit modernsten Rolltreppen verbinden das Stadt- und Handelszentrum von Baku mit der breit ausgebauten Uferpromenade. Saubere Treppen laden die flanierenden Bewohner und Gäste zum Verweilen ein; in zahlreichen Uferrestaurants kann man sich kulinarisch verwöhnen lassen.

Die Altstadt selbst wirkt etwas museal. Abgesehen von Souvenirshops, Teppichgeschäften und Touristenlokalen ist hier kein Quartierleben mehr auszumachen. Viele, die vor den

Ali und Nino: Aserbaidschans legendäres Liebespaar.

Zwangsräumungen im Vorfeld des Eurovision Song Contests hier gewohnt hatten, sind wegen der von der Regierung angeordneten Stadterneuerung ohne rechtzeitige Vorwarnung aus ihren Wohnungen vertrieben worden.

## Ali und Nino

Die Leserschaft im christlichen Georgien und im muslimisch geprägten Aserbaidschan erfreut sich gleichsam an der legendären Liebesgeschichte von Ali und Nino. Die Autorenschaft der Geschichte ist nicht ganz unbestritten; mehrheitlich aber wird davon ausgegangen, dass der russisch-jüdische Schriftsteller Lew Nussimbaum alias Kurban Said die bewegende Geschichte geschrieben hat.

Sie handelt von der leidenschaftlichen Liebe, aber auch von der Leidensgeschichte des muslimischen Ali aus Aserbaidschan und der christlich geprägten Nino aus Georgien, die trotz kultureller und gesellschaftlicher Unterschiede zuerst glücklich zueinander finden, später – letztlich aufgrund dieser Unterschiede – brutal voneinander getrennt werden.

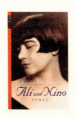

**Buchtipp:**

Kurban Said: Ali und Nino
Ullstein Buchverlage 2011
271 Seiten, Fr. 13.– / Euro 8.90
978-3-8437-0180-8

**Natalja und Tural** träumen von einem einfacheren Leben ohne Schranken und Barrieren. Der Plan der christlichen Natalja aus Weissrussland und ihres muslimischen Ehemannes steht fest: Sie wollen in die USA.

Natalja und Tural, ein christlich-muslimisches Paar.

«Die Geschichte von Ali und Nino erinnert uns sehr an unsere eigene», sagt Natalja mit leuchtenden Augen, als wir das erste Mal in einem Restaurant bei Schisch Kebab zusammensitzen. Ali und Nino, das ist das nationale Epos der Aseri. Die Geschichte einer Liebe zwischen dem muslimischen Ali aus Baku und der christlichen Nino aus Georgien.

Es ist eine Geschichte voller kultureller Schranken und Hindernisse. Vor allem Nino, die junge Frau, ist oft irritiert ob der islamischen Riten und Bräuche ihres Geliebten. Doch die

Es dauerte lange, bis die Aseri-Familie die russische Schwiegertochter akzeptierte.

Liebe füreinander trotzt allen Widerständen – bis Ali während des Krieges stirbt und Nino allein in Baku zurücklässt.

## Ali und Nino – neu aufgelegt

Tural und Natalja, mit denen ich ein paar Tage in Baku verbracht habe: Das ist «Ali und Nino» neu aufgelegt. Aus Liebe zu Tural ist Natalja, eine Christin aus Weissrussland, vor einem halben Jahr nach Baku gezogen. Ein grosser Schritt für die 28-jährige Frau, die dafür ihre Familie und ihre Freunde verlassen hat.

Nicht immer fühlte sich Natalja wohl hier in Baku, dafür zieht sie zu viele Blicke auf sich. «Ich werde angestarrt wegen meinen Haaren und meiner Kleidung, auch wenn ich keine kurzen Röcke trage», erzählt sie.

Kurze Röcke sind immer noch tabu in Baku. Auch wenn die Zeiten der Verschleierung vorbei sind. Oft sind die aserischen Frauen zusammen mit ihren Männern unterwegs. Dass Natalja jeweils morgens alleine an der neuen Strandpromenade joggt, ist ungewöhnlich und fällt auf. Trotzdem lässt sich Natalja nicht davon abbringen. Die studierte Juristin hat in Baku keinen Job, sie spricht kein Aserisch. Umso mehr versucht Tural, seiner Frau so viel Unterhaltung wie möglich zu bieten. Sie reisen viel. Tural zeigt Natalja die Schönheiten seiner Heimat. Die grünen Hügel im Süden, die traumhaften Strände, die tiefen Schluchten des Karstgebirges.

Wie Nino geht Natalja viele Kompromisse ein. Doch Turals Liebe entschädige sie für all das, sagt Natalja, die in Gegenwart ihres

Mannes nur ungern über die Schwierigkeiten im Leben in Baku spricht. Einen Monat lebte Natalja in der aserischen Hauptstadt, dann wurde geheiratet. Denn ein Zusammenleben ohne Trauschein, das ist in Aserbaidschan nicht möglich. Erst kam traditionsgemäss der Mullah nach Hause, dann gab es ein rauschendes Fest im Hotel Kempinsky. «Es war eine sehr westliche Hochzeit. Frauen und Männer tanzten zusammen, es gab Rock- und Popmusik», erzählen die beiden strahlend, als wir gemeinsam in ihrem bescheidenen Wohnzimmer das Hochzeitsvideo mit Hunderten von Fotos angucken.

«Ich werde angestarrt wegen meinen Haaren und meiner Kleidung, auch wenn ich keine kurzen Röcke trage»

Lange wollte Turals Familie die Liebe ihres Sohnes nicht akzeptieren. Doch Tural liess sich nicht von seinem Plan abbringen. Vier Jahre lang habe er gebraucht, bis er seine Eltern überzeugte, berichtet Tural. Inzwischen hätten sie Natalja akzeptiert. Wie sich später in der Küche zeigt, haben die Mutter und Grosstante Freude daran, der neuen Schwiegertochter die aserische Küche beizubringen. Zwischen dampfenden Schüsseln erzählen sie

Ein Zusammenleben ohne Trauschein ist in Aserbaidschan nach wie vor ungewöhnlich.

stolz, dass Natalja schon alle wichtigen Nationalgerichte kochen könne.

## Die Religion ist kein Hindernis

Wenigstens die Religion stünde – im Gegensatz zu Ali und Nino – nicht zwischen ihnen, erzählt das Paar. Tural praktiziert so etwas wie einen «Islam light», er betet zwar fünfmal am Tag, aber nicht immer zu fixen Zeiten, und wenn's einmal weniger ist – auch nicht schlimm. Wenn er ins Freitagsgebet geht, besucht sie jeweils in der Zwischenzeit die Sauna. Das sei kein Problem, meint Natalja, dass er Muslim sei und sie Christin.

Beide träumen von einem Leben im Ausland, von einem einfacheren Leben ohne Einschränkungen und Barrieren. Der Plan steht bereits: Nach Amerika wollen sie. Ein Haus, zwei Kinder, ein guter Job – das ist ihr American Dream. Und es sieht gar nicht schlecht aus: Die Greencard haben sie bereits. Ende Jahr wollen sie ein erstes Mal nach Amerika reisen, um die Fühler auszustrecken. Von diesen Plänen haben sie übrigens dem Rest der Familie noch nichts erzählt. Anders als bei Ali und Nino, sieht es also ganz danach aus, als würde die Geschichte von Tural und Natalja glücklich ausgehen.

Andrea Vetsch

Der Traum des Paares: Auswandern in die USA.

Peter Gysling mit der Buchhändlerin Nigar Kötscharli am Stand der Buchhandelskette «Nino und Ali».

In der aserbaidschanischen Hauptstadt Baku hat die Buchhändlerin Nigar Kötscharli eine Buchhandelskette unter dem Label «Ali und Nino» gegründet.

Wir treffen die gross gewachsene, temperamentvolle und selbstbewusste Buchhändlerin an ihrem kleinen Bücherstand in einer Parkanlage mitten in Baku. Sie schildert mir, wie gross die Gegensätze zwischen Menschen auch heute noch sein können, welche von den Kulturen der beiden verschiedenen Religionen geprägt sind. Im Direktkontakt etwa zwischen Georgiern und Aserbaidschanern zeige sich das immer wieder, meint sie. Für viele hätten sich die Probleme, die im Werk «Ali und Nino» geschildert werden, auch über 80 Jahre nach der Erstpublikation des Werkes kaum grundsätzlich verändert.

Für sie als Frau sei es in Aserbaidschan besonders schwer, sich durchzusetzen. Wer in Baku Erfolg haben wolle, müsse vor allem einflussreiche Freunde haben. Im Westen hingegen, meint sie, habe Erfolg mehr auch mit Bildung zu tun. In ihren Läden verkaufe sie erstaunlicherweise vor allem russischsprachige Bücher. Das aserbaidschunische Literaturschaffen tue sich hingegen schwer. Sie meint, das habe vor allem auch damit zu tun, dass Aserbaidschan in seiner jüngeren Geschichte gleich zwei Mal das Alphabet gewechselt habe. Von der arabischen zur kyrillischen und schliesslich von der kyrillischen zur lateinischen Schrift.

Mugham-Musiker: die traditionelle Folklore Aserbaidschans.

Bakus Ölfelder begründen den Reichtum Aserbaidschans.

### Besuch auf den Ölfeldern von Bibi Heybat

*Ich mag mich gut erinnern, wie sich noch vor wenigen Jahren das Küstengelände im Süden von Baku, in Bibi Heybat, präsentiert hat. Mehrere hundert, mehrheitlich völlig ausgeleierte Ölpumpen, die zum Teil sogar noch aus dem 18. Jahrhundert stammten, dümpelten hier – fast sinnlos, wie mir damals schien – vor sich hin. Öl floss zwar nach wie vor in Leitungen. Zum Teil aber war dieses Leitungssystem in derart schlechtem Zustand, dass grosse Ölmengen unkontrolliert auf das sandige Gelände gepumpt wurden und im Untergrund versickerten. Auf einem Erkundungsgang über das Gelände bewegte man sich damals wie in einem Labyrinth. Man war gezwungen, von Betonrampe zu Betonrampe zu springen, über Leitungen zu balancieren, dann wieder einen Umweg nach links, nach rechts zu machen, wenn man nicht knietief durch eine der vielen schwarzviolett schimmernden Öllachen waten wollte. Mittlerweile sind die Ölpumpen instand gestellt oder durch modernere ersetzt worden. Das Leitungssystem ist jetzt dicht. Im Unterschied zu früher scheint jetzt kaum mehr unkontrolliert Öl aufs Ufergelände (und letztlich ins offene Meer) abzufliessen. Die Anlagen, die hier in der Bucht,*

Auf dem Ölfeld von Bibi Heybat.

unmittelbar vor den Toren Bakus, nach wie vor unentwegt summen und stampfen, förderten jeden Tag 350 Tonnen des schwarzen Goldes, erklärt uns bei unserem Besuch ein Verantwortlicher von Socar. Die immer noch altertümlich anmutenden Anlagen auf dem Gelände sind keine Zierde, aber Zeugen der damaligen Industrialisierung, als die Gebrüder Nobel – noch zur Zeit der russischen Zaren – erstmals Öl aus dem kaspischen Untergrund an die Oberfläche befördern liessen.

Dass hier nach dem Zweiten Weltkrieg unter Stalin draussen im Meer mit Neft Dashlari eine ganze Ölstadt auf Stelzen errichtet wurde, in der zeitweise bis zu 30 000 Menschen beschäftigt waren, ist erst seit ein paar Jahren offiziell bekannt. Diese Anlage hat seinerzeit – vor ihrer Modernisierung – nicht nur viele ökologische, sondern auch menschliche Opfer gefordert.

Wenn man vom Ufer in Baku aus aufs offene Meer hinaus schaut, ist nichts von den damaligen Desastern zu sehen. Je mehr sich die sanften Wellen dem Ufer des Kaspischen Meeres nähern, umso mehr kräuselt sich die Wasseroberfläche zu kleinen hellen Schaumkronen, die im Sonnenlicht silbern glitzern. Nur am Horizont ist ein grosser Öltanker zu sehen.

Aus Tausenden Tonnen Stahl, Erde und Beton entstand 1949 im Kaspischen Meer eine Kleinstadt.

DIE ERDÖLSTADT IM KASPISCHEN MEER

# Neft Dashlari

Kurz nach Ende des Zweiten Weltkriegs verwirklicht die Sowjetunion eines der ehrgeizigsten Vorhaben ihrer Geschichte: den Bau der ersten Ölplattform der Welt ohne Verbindung mit dem Festland – Neft Dashlari. Der Anblick dieser weltweit ältesten und grössten Bohrinsel verschlägt einem auch heute noch den Atem.

Die Ölförderanlage ist ein imposantes Netzwerk, bestehend aus künstlichen Inseln und Plattformen auf Stahlpfählen, die wie Tentakel 20 bis 60 Meter tief bis auf den Meeresgrund hinabragen. Zusammen verfügten die Plattformen einst über 300 Kilometer Strassen, Gebäude, Plätze und Schlafhäuser – eine richtige Stadt, in der bis zu 5000 Menschen 100 Kilometer vor Baku entfernt auf dem Meer lebten.

Begonnen hatte alles nach dem Zweiten Weltkrieg. Damals hatte Stalin, dessen Rote Armee Hitlers Marsch auf die kaspischen Ölquellen am Festland nur knapp hatte stoppen können, den waghalsigen Bau dieser Ölstadt beschlossen. Nach einer komplizierten und gefährlichen Bauzeit, bei der mehrere Arbeiter ums Leben kamen, liess am 7. November 1949 die weltweit erste Bohrung im offenen Meer Öl fliessen. Schwarzes Gold offshore. Neft Dashlari galt als technisches Meisterwerk und war der Stolz der ganzen Sowjetunion. Noch in den Achtzigerjahren wurden hier über 50 Prozent von Aserbaidschans Ölproduktion gefördert. Und bis heute ist die Anlage das Symbol der Industrie Aserbaidschans und ein technisches Zeichen für die Zukunft des Landes.

## Schwarzes Gold

Schon vor Jahrhunderten wussten die Bewohner Aserbaidschans, dass das bei ihnen aus dem Boden sprudelnde Öl Licht spenden konnte. Sie verwendeten das Öl auch zu Heilzwecken. 1848 förderte bei Baku der erste Bohrturm der Welt Öl, und schon um 1900 kam fast die Hälfte des weltweit gehandelten Erdöls aus der Landeshauptstadt. Ausländische Investoren machten die Stadt zu jener Zeit zu einem «Paris des Orients».

Später wurde Aserbaidschans Ölförderung zu einer ökologischen Katastrophe. Pipelines mit Lecks, tropfende Rohre, Öl auf dem Meer so weit das Auge reichte. Die sowjetische Erdölindustrie war berüchtigt für den liederlichen Umgang mit der Umwelt. Erst nach der Wende, vor etwas mehr als 20 Jahren, wurden die Anlagen wieder erneuert, und es wurde – in Kooperation mit westlichen Firmen – wieder investiert. So begann nach 1994 ein neuer Boom. In diesem Jahr schloss Präsident Heydar Aliyev, der Vater des jetzigen Präsidenten, mit dem Westen den sogenannten Jahrhundertvertrag. Es war ein historisch denkwürdiger Tag, denn zum ersten Mal öffnete sich die ehemalige Sowjetrepublik Aserbaidschan westlichen und amerikanischen Ölkonzernen. Verträge wurden geschlossen und Förderrechte verteilt. Die Regierungsclique in Baku festigte ihre Macht und machte einen entscheidenden Schritt in die wirtschaftliche und politische Selbständigkeit, weg von Russland.

2006 wurde die 1700 Kilometer lange Pipeline Baku-Tiflis-Ceyhan (BTC) eröffnet, die Rohöl von den aserbaidschanischen Ölfeldern nach Ceyhan an der türkischen Mittelmeerküste

Eine richtige Stadt, auf Stelzen gebaut.

transportiert. Eigentümer ist ein Konsortium von Ölgesellschaften unter Führung der britischen BP sowie der State Oil Company of Azerbaijan Republic (Socar). Die transkaukasische Pipeline ist ein Jahrhundertwerk, das die gesamte Region geopolitisch aufwertet. In Ceyhan, wo die zweitlängste Pipeline der Welt endet, warten Tankschiffe aus Europa und Amerika.

Zwar ist die in Aserbaidschan geförderte Gesamtmenge relativ klein, sie entspricht etwa der Öl- und Gasfördermenge Norwegens. Die Wachstumsrate der Ölproduktion der letzten Jahre ist jedoch beeindruckend. Seit 2006 steigen die Einnahmen aus dem Erdölgeschäft sprunghaft an und haben vor allem in Baku einen spektakulären Bauboom zur Folge. Das schwarze Gold aus Aserbaidschan ist begehrt, derzeit stehen die EU und die USA in Baku in einem harten Wettbewerb um weitere Pipelineprojekte und Lieferverträge für Öl und Gas. Denn Aserbaidschan gilt heute als wichtiges Bindeglied des globalen Ost-West-Energiekorridors ausserhalb Russlands. Zudem ist das Land nicht an die OPEC-Preise gebunden.

## Ein Arbeitsplatz mitten im Meer

Nach zehn Tagen ist jeweils Schichtwechsel auf Neft Dashlari, dem Reich des staatlichen Energiekonzerns Socar. Sechs Stunden sind die Arbeiter und Angestellten per Schiff aus Baku unterwegs. Wer eine Stelle auf Neft Dashlari ergattert hat, kann sich glücklich preisen. Die Löhne sind hier zwei bis drei Mal höher als auf dem Festland. Dafür dauern die Arbeitstage zwölf Stunden lang, und Alkohol ist strikt verboten: Wer auch nur mit einer Flasche Bier erwischt wird, verliert auf der Stelle den Job. Viele sind schon zehn, zwanzig, dreissig Jahre hier im Einsatz, über 2000 Menschen, vor allem Männer. Es ist ein spezieller Menschenschlag, der ständig auf der künstlichen Insel arbeitet, rauh und zäh, an Wind, Sturm und graublaue Eintönigkeit gewöhnt.

Auch einige Frauen leben da, wie die Chemikerin Rahima Achmedowa. Mit ihrer Arbeit habe sie keine Probleme, erzählt Rahima, die seit Jahren hier das Rohöl analysiert und seine Qualität überprüft, aber das Leben hier sei schwierig: Rundum sehe man ständig nur Wasser und könne nicht weg. Zwar wurde in jüngerer Zeit das Sportangebot verbessert, es gibt nun auf der Plattform einen Saal mit Billard- und Pingpongtischen und sogar ein Fussballfeld. Und nach der Arbeit lockt ein Spaziergang in einem richtigen kleinen Park, für dessen Bepflanzung man tonnenweise Erde herangeschifft hatte. Aber das Meer bleibt natürlich allgegenwärtig. Rahima wohnt wie alle hier in einem kleinen Zweibettzimmer, wo sich die meisten abends vor dem Fernseher entspannen.

In den alten sowjetischen Zeiten sei das Leben auf der Plattform lustiger gewesen, erinnert sich Rahima, da habe man noch gefeiert und getrunken. Und doch kann sie sich keinen Arbeitsplatz auf dem Festland vorstellen. Denn wer einmal hier war, den zieht es immer wieder in die Erdölstadt im Meer zurück.

## Erhebliche Umweltschäden

Diese blickt nicht nur auf heroische Zeiten zurück. In den Jahren vor der Wende war es abwärts gegangen mit Neft Dashlari, manche Förderanlagen zerfielen, in den Wohngebäuden mangelte es an allem, schon prophezeite man das Ende. Doch nachdem Präsident Aliyev den Jahrhundertvertrag unterzeichnet hatte und der neue Ölboom begann, profitierte man auch draussen im Kaspischen Meer vom Dollarsegen. Neue Stege wurden errichtet, Gebäude und Wohnhäuser renoviert und modernisiert.

Noch nicht im Griff hat Socar jedoch die erheblichen Umweltschäden. Die Kehrseite der Erdölindustrie zeigt sich deutlich in Neft Dashlari. Zu Sowjetzeiten wurden minimalste Umweltschutzanforderungen missachtet. Korrosion und Stürme rissen im Lauf der Jahrzehnte viele Stege um, tonnenweise liegt rostiger Stahl auf dem Meeresgrund, Leitungen sind leck. 60 Jahre Umweltsünden und Altlasten der Sowjetunion, kurz: Socar habe ein verseuchtes Erbe angetreten, sagt der Vizedirektor für Umwelt, Faig Gafarow. Noch bis vor Kurzem sei hier das ganze Gas, das bei der Ölförderung anfällt, in die Luft verpufft worden, eine halbe Milliarde Kubikmeter pro Jahr. Heute aber wird es von hochmodernen Kompressoren mit hohem Druck ans Ufer befördert. Auch das giftige Wasser, das bei der Aufarbeitung von Rohöl anfällt, wird laut Faig Gafarow nicht mehr einfach ins Kaspische Meer geleitet, sondern gefiltert. Die Lage bessere sich, sagt der Umweltdirektor zuversichtlich, wenn auch leider nur langsam.

Die Stadt im Meer hat eine komplette Infrastruktur.

## Unsichere Zukunft

Heute bildet der Anteil der Ölproduktion von Neft Dashlari, 2500 Tonnen pro Tag, nur noch einen Bruchteil der Gesamtfördermenge von Aserbaidschan. Denn inzwischen hat Aserbaidschan im Kaspischen Meer in einer Tiefe von 3000 Metern neue Öl- und Gasfelder entdeckt. Rund um die Erdölstadt ist ein Reigen von neuen, hochmodernen Förderplattformen entstanden, wie kleine Tupfer sind sie aus dem Helikopter erkennbar, und es werden immer mehr.

Socar will die Erdgasgewinnung schon bald verdoppeln und hofft auf weitere Vorkommen. Im Januar 2011 sagte Aserbaidschan der EU die Lieferung von «beträchtlichen Mengen» an Gas zu. Wird Zentralasien ein Hauptprofiteur unserer Energiewende, die immer mehr Gaskraftwerke benötigt?

Faig Gafarow, der als ökologische Zukunftsenergie Gas favorisiert, wird am Abend ganz poetisch. Er liebt die Abendstimmung auf Neft Dashlari, wenn die Sonne hinter den Bohrtürmen golden im unruhigen Meer versinkt, wenn Wege und Stege auf ihren Pfählen etwas zu schwanken scheinen, wenn eine Meeresbrise den leichten Ölduft verweht und nur Möwenkrächze die Stille durchbricht. Puschkin, da ist der Umweltbeauftragte überzeugt, hätte hier draussen im Meer gleich zu dichten begonnen.

Helen Stehli Pfister

***Aserbaidschan bedeutet «Land des Feuers».*** *Das Wort leitet sich aus dem Persischen ab und spielt an auf die zahlreichen Ölvorkommen. Zudem war in dem früher weit verbreiteten Glauben des Zarathustra, eines alt-persischen Priesters, das Feuer ein Symbol der Reinheit.*

**Rena Effendi** interessiert sich nicht für Postkartenmotive oder hübsche Kulissen. Die 1977 in Baku geborene Fotografin möchte die alltäglichen und realen Seiten ihrer Heimat ablichten.

Foto aus der Sammlung von Rena Effendi.

Mitten in Baku, ganz in der Nähe des neuen Kulturzentrums, eines Millionen-Prachtbaus, den die Stararchitektin Zaha Hadid zu Ehren des verstorbenen Präsidenten gebaut hat, steht eine halbleere riesige Fabrikhalle. Der Lärm drinnen ist ohrenbetäubend, durch Zementstaub und Dreck sind Bretterhütten erkennbar. Kinder spielen auf herumliegenden Betonbrocken, Frauen waschen sich die Seele sauber, eine Grossmutter auf einem zerschlissenen Plüschsofa blickt ins Nichts. Eine Welt im Untergrund.

Die Fotografin Rena Effendi begleitet mit der Kamera seit einigen Jahren eine Vertriebenen-

Familie, die seit über zehn Jahren halb im Verborgenen in dieser Halle lebt. Es sind aserbaidschanische Vertriebene, die von dem Bürgerkrieg in Berg-Karabach geflohen sind. Zwar gibt es ein staatliches Flüchtlingskomitee, doch um diese Familien kümmert sich niemand. Ein Fotosujet wie zugeschnitten auf die junge, engagierte Frau, die man «das soziale Gewissen Aserbaidschans» nennt.

## Eine Chronik des Lebens entlang der Pipeline

Rena Effendi wurde 1977 in Baku geboren. Sie arbeitete zunächst als Übersetzerin für den Energiekonzern BP, merkte jedoch schon bald, dass ihre Interessen anderswo lagen, und wandte sich der Dokumentarfotografie zu. «Man denkt sich, dass der unglaubliche Öl-Reichtum selbstverständlich auch die untersten Bevölkerungsschichten erreichen sollte, aber dem ist nicht so. Das fand ich wirklich schockierend und schäbig», sagt Rena. Jahrelang fotografierte sie deshalb den Alltag und die Armut der einfachen Landbevölkerung entlang der 1700 Kilometer langen Öl-Pipeline Baku-Tiflis-Ceyhan (BTC), die sich im Schatten des Kaukasus-Gebirges durch fünf Konfliktregionen schlängelt, und schuf so eine Chronik des Lebens fernab vom Reichtum der Grossstadt Baku. Diese Schwarz-Weiss-Fotos machten sie international berühmt und bescherten ihr zahlreiche Auszeichnungen. Mit ihren sozialkritischen Bildern wolle sie zeigen, wie die Menschen in Aserbaidschan wirklich leben und wie ihre Heimat wirklich sei, sagt Rena.

## Die vergessenen Menschen von Baku

In Baku sind ihre Fotobücher nicht erhältlich, publiziert werden ihre Bilder im Schweizer Benteli Verlag. Rena durfte ihre eigenen Bücher jedoch nicht über die Grenze nach Baku bringen.

Die Fotografin Rena Effendi vor einem Bild ihrer Ausstellung «Pipe dreams».

Sie wurden beschlagnahmt. Die Vernissage ihrer Ausstellung «Liquid Land» im Mai 2012 in der hippen Altstadt von Baku wurde totgeschwiegen. Und doch drängten sich die Besucher vor den Fotos, die Jungen und Schönen, die Blogger und Diplomaten. Denn was Rena Effendi zeigt, bekommt man in Aserbaidschan sonst nirgendwo zu sehen. Dass bei diesem Anlass in der Galerie allerdings die porträtierten Vertriebenen aus der Fabrikhalle fehlten, wunderte hier niemanden, auch Rena nicht. Zu tief ist in Baku der Graben zwischen denen, die es nach oben geschafft haben, und den anderen, die nur hoffen können, dass sich immer mehr Menschen für sie einsetzen werden. So wie es die Fotografin Rena tut.

Im Oktober 2012 erschien im Schweizer Verlag Benteli das Buch zu der genannten Ausstellung unter dem Titel «Land ohne festen Boden». Rena Effendi gibt darin den vergessenen Menschen von Baku ein Gesicht, die in den Ruinen und den Verschmutzungen der Ölindustrie wohnen und dort, abseits der Gesellschaft, auf eine bessere Zukunft hoffen.

Helen Stehli Pfister

# Kasachstan
Der Reichtum aus der Steppe

# Kasachstan in Kürze

| | |
|---|---|
| Hauptstadt: | Astana |
| Fläche: | 2 724 900 km², Kasachstan ist der neungrösste Staat der Erde |
| Einwohnerzahl: | 16 Millionen |
| Staatsform: | Präsidialrepublik |
| Staatsoberhaupt (2012): | Präsident Nursultan Nasarbajew |
| Amtssprache: | Kasachisch; Verkehrssprache zwischen den Ethnien ist Russisch |
| Religion: | 70 % Muslime, 20 % russisch orthodoxe Christen |
| Höchster Berg: | Khan Tengri mit 7010 Metern |
| Land: | Das Land wird weitgehend von Bergen, Steppen und Wüsten eingenommen, viele Gewässer versiegen. Kasachstan liegt zwischen dem Kaspischen Meer und dem Altai-Gebirge und zählt Russland und die Volksrepublik China zu seinen Nachbarn. |
| Wirtschaft: | Das rohstoffreiche Kasachstan gilt als Beispiel für eine erfolgreiche Transformationswirtschaft. Neben dem Hauptexport Erdöl produziert es Metallwaren, Baumwolle und Chemikalien. Landwirtschaftlich sind neben der Viehzucht der Baumwoll- und Weizenanbau wichtig. Bedroht wird die Landwirtschaft im Süden durch das Austrocknen des Aralsees. In Kasachstan befindet sich der grösste Weltraumbahnhof der Welt, Baikonur, der bis 2050 von Russland gepachtet ist. |
| Geschichte: | Im Altertum lösten sich auf dem Gebiet des heutigen Kasachstan verschiedene Reiche ab. Zeitweilig wurden die kasachischen Nomaden von den Mongolen des Dschingis Khan beherrscht, später durch die russischen Zaren. 1936 wurde Kasachstan eine eigenständige Unionsrepublik innerhalb der Sowjetunion. 1991 wurde die Hauptstadt nach Akmola verlegt und in Astana umbenannt. Kasachstan war in der Sowjetzeit die Republik, in die am meisten Menschen deportiert wurden. Entsprechend viele Minderheiten leben hier. Trotz starker Abwanderung stellen die Russen nebst den Kasachen immer noch die zweitgrösste Bevölkerungsgruppe. |

AUS DEM TAGEBUCH VON PETER GYSLING

## In der Hafenstadt Aktau

*Der Empfang in der kasachischen Hafenstadt Aktau fällt vergleichsweise nüchtern aus. Die Stadt mit ihren rund 180 000 Einwohnern hat touristisch interessierten Besucherinnen und Besuchern wenig zu bieten. Im Unterschied zur aserbaidschanischen Hauptstadt Baku besteht das kleine Aktau vor allem aus einer Hafenanlage, die dazu dient, Öl und Weizen aus Kasachstan nach Aserbaidschan und in den Iran zu verfrachten.*

## Der Schnelle Brüter

*Zu sowjetischen Zeiten hiess die Stadt «Schewtschenko», in Anlehnung an den berühmten ukrainischen Dichter des 19. Jahrhunderts, der im nahen Nowopetrowskoje in Verbannung lebte. Die Stadt war damals für Ausländer «geschlossen», weil seit 1973 nicht unweit der Hafenanlagen ein Schneller Brüter betrieben wurde. Sowjetische Atomwissenschafter sollen hier waffenfähiges Plutonium hergestellt haben.*

*Offiziell diente die Anlage der Herstellung von Trinkwasser. Zur Versorgung der Einwohner von Aktau wurde mit dem Brüter eine einzigartige Meerwasser-Entsalzungsanlage betrieben. Nach dem Zerfall der Sowjetunion ist der Schnelle Brüter vom Netz genommen worden. Die Entsalzungsanlage aber ist immer noch in Betrieb, sie wird jetzt mit Gas betrieben.*

*Wegen ihrer strategisch einzigartigen Lage am Ostufer des Kaspischen Meers ist Aktau auch ein wichtiger Stützpunkt der kasachischen Marine.*

Das Ölterminal von Aktau mit einer Kapazität von 15 Millionen Tonnen wird weiter ausgebaut.

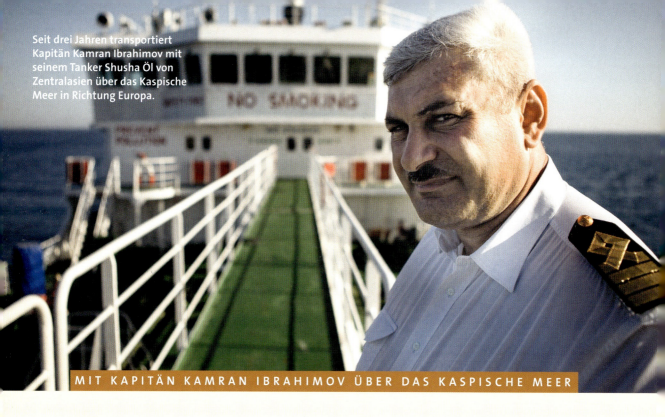

Seit drei Jahren transportiert Kapitän Kamran Ibrahimov mit seinem Tanker Shusha Öl von Zentralasien über das Kaspische Meer in Richtung Europa.

MIT KAPITÄN KAMRAN IBRAHIMOV ÜBER DAS KASPISCHE MEER

# «Ich bin ein moderner Karawanenführer»

Die Anrainerstaaten des Kaspischen Meeres können sich nicht über den Status des Gewässers einigen. See oder Meer? Die Frage hat weitreichende geopolitische Konsequenzen – es geht um Bodenschätze und mögliche Pipelines der Zukunft. Vor diesem Hintergrund werden Millionen Tonnen Öl per Tanker von den Ölfeldern Zentralasiens in Richtung Europa transportiert. Eindrücke von einer Überfahrt auf der «neuen Seidenstrasse»…

Der Anfang ist Millimeterarbeit. Im Schleichgang manövriert sich der Zwölftausend-Tonnen-Tanker Shusha aus dem engen Hafen von Aktau. In seinem Bauch: elftausend Tonnen kasachisches Rohöl, bestimmt für Europa. Auf der Kommandobrücke überwacht Kapitän Kamran Ibrahimov das Auslaufen. Er stammt aus Aserbaidschan, wie der Rest der 15-köpfigen Besatzung. Der Kapitän ist kein Freund grosser Worte. Zudem muss er als Chef an Bord doppelt aufpassen, was er dem ausländischen Journalisten erzählt. Man kann nie wissen…

Der Tanker gewinnt langsam an Fahrt, nimmt Kurs auf sein Ziel, der Hauptstadt Aserbaidschans. Im Ölhafen von Baku wird die Lieferung von den Ölfeldern Kasachstans an Land gepumpt und per Pipeline weiter in Richtung Westen transportiert. Eine umständliche Prozedur. Eine moderne Seidenstrasse, quer über das Kaspische Meer. Kapitän Ibrahimov gibt dem Autopiloten seines Tankers mit wenigen Knopfdrücken die Reiseroute für die kommenden 36 Stunden an. «Früher gab es die Karawanen und die Karawanenführer», sagt er mit Blick auf sein 150-Meter-Schiff. «Heute bin ich in gewisser Weise ein solcher Karawanenführer.»

Von seinem Porträt aus scheint der seit neun Jahren verstorbene ehemalige Präsident Aserbaidschans Heydar Aliyev die Kommandobrücke zu überwachen. Seine Porträts hängen im ganzen Schiff. Im Speisesaal, im Mannschaftsraum, in den Kabinen der Offiziere. Kapitän Ibrahimov hat auf seinem Schreibtisch zusätzlich ein Porträt des Sohnes und jetzigen Präsidenten aufgestellt. Kein Familienfoto. Keine Fotos von Frau und Kindern. «Die sehe ich ja einmal pro Woche», lautet die Begründung des Kapitäns.

### Einmal pro Woche für ein paar Stunden an Land

Es tut sich nicht viel an Bord des Tankers. Nur vorne am Bug hält ein Matrose in rotem Overall das Schiff in Schuss. Bootsmann Mechman Schokirov pinselt Rostschutzfarbe auf überdimensionierte Schrauben.

Sein Gesicht ist vom Wetter gegerbt und verrät einen Optimismus, der auch bei haushohen

Als Bootsmann hat Mechmann Schokirov die grossen Meere der Welt bereist. Heute fährt er auf dem Tanker Shusha im Wochenrhythmus zwischen Aserbaidschan und Kasachstan hin und her.

Solange sich die Anrainerstaaten über den Status des Kaspischen Meeres streiten, ersetzen die Öltanker die Pipeline von Zentralasien in Richtung Europa.

Wellen unerschütterlich bleibt. Der 53-jährige Bootsmann hat die Welt gesehen. Die Umschiffung Kap Horns, die Mädchen in den Häfen von Argentinien, ein Jahrhundertsturm vor dem Kap der guten Hoffnung. Seit drei Jahren dümpelt er nun auf dem kleinen Kaspischen Meer zwischen Kasachstan und Aserbaidschan hin und her. «Das ist gut so», lacht er, «ich habe mich ausgetobt. Jetzt habe ich Kinder und Enkel und bin froh, wenn ich einmal pro Woche an Land kann.»

**See oder Meer? Das Kaspische Meer als geopolitischer Zankapfel**

Schiffe und Kapitäne braucht es hier. Weil der Status des Kaspischen Meers noch immer ein geopolitischer Zankapfel ist. Noch immer ist die Frage, ob es sich beim Kaspischen Meer um ein Meer oder um den grössten See der Welt handelt, Anlass für Streit zwischen den Anrainerstaaten Russlands, Kasachstan, Turkmenistan, Iran und Aserbaidschan. Es geht um territoriale

taucht eine weitere Schraube in Rostschutzfarbe. «Ich mache meine Arbeit und fertig. Was auch immer die Machthaber entscheiden, die kleinen Leute haben nie etwas davon.»

Zu einer solchen Aussage würde sich Kapitän Ibrahimov niemals hinreissen lassen. Immerhin vertritt er ein Staatsunternehmen. Den Spaziergang mit dem Journalisten nutzt er, um scheinbar einstudierte Sätze loszuwerden. Er spricht vom stolzen Seefahrervolk der Aserbaidschaner. Stolz sei auch er, an einem so wichtigen Projekt wie dem Öltransport auf der Seidenstrasse teilnehmen zu können, unterstreicht er. Die persönlicheren Fragen ignoriert er ebenso konsequent wie die Versuche, ihm ein paar Worte zur politischen Situation rund ums Kaspische Meer zu entlocken.

**Eines Tages auf einem richtigen Ozean fahren…**

Am Bug des Schiffes geht der Blick des Kapitäns am pinselnden Bootsmann vorbei in die Ferne. Nach langem Zögern entschliesst er sich, dem Journalisten doch noch ein wenig von seiner Person preiszugeben: «Eines Tages möchte ich als Kapitän nicht mehr auf dem Kaspischen Meer hin und her fahren», sagt er wie zu sich selbst. «Brasilien, Kanada… eines Tages möchte ich als Kapitän die Ozeane der Welt befahren.» Ein kurzer Blick auf den pinselnden, aber weltgereisten Bootsmann. Dann kehrt er um und kehrt zurück in sein Reich auf der Kommandobrücke. Bis sein Traum in Erfüllung geht, wird er wohl noch einige Jahre lang mit seinem Schiff und dem weitgereisten Bootsmann zwischen Zentralasien und Europa die Pipeline ersetzen…

Claims und Zugang zu Bodenschätzen. Die Streitigkeiten verhindern den Bau einer Pipeline, die Amerika und Europa Zugang zum kasachischen Öl unter Umgehung Russlands ermöglichen würden. Der Streit schwelt seit langen Jahren. Unterdessen transportieren aserbaidschanische und kasachische Tanker das Öl in Richtung Europa, damit der Westen von der Pipeline durch Russland unabhängig ist. Bootsmann Mechman Schokirov schüttelt den Kopf. «Diese ganze Politik ist mir egal», sagt er und

Mitja Rietbrock

## *Öl und Gas für den Westen*

Obwohl von Kasachstan aus eine gut ausgebaute Ölpipeline ins russischen Novorossisk und zudem von der kasachischen Stadt Aktobe aus eine weitere Pipeline Richtung China führt, konzentriert sich die kasachische Regierung seit ein paar Jahren darauf, die im Land geförderte Energie für Europa nicht nur über Russland, sondern gezielt auch an Russland vorbei über das Kaspische Meer zu transportieren. Auch die Europäische Union ist aus strategischen Gründen am Frachthafen von Aktau beteiligt. Der EU liegt viel daran, dass ihre Mitgliedsländer nicht wieder zum Spielball wirtschaftspolitischer Sticheleien des Kremls werden.

Im Winter 2009 hatte Russland wegen eines Streits mit der ukrainischen Regierung seine Gaslieferungen durch die Ukraine stark gedrosselt. Dies hatte damals in Bulgarien und anderen südosteuropäischen Ländern während mehrerer Wochen zu Gasengpässen und zu einem Energienotstand geführt.

## *Expats in Aktau*

In den wenigen modernen Hotels von Aktau halten sich vor allem Öl- und Gasexperten aus aller Welt, Speditionsspezialisten oder Ingenieure auf, die mit dem Ölhandel oder mit dem Ausbau der Aktauer Hafenanlagen beschäftigt sind.

Als wir am Abend eines der einschlägigen Hotels besuchen, sehen wir, wie deutsche, britische, französische oder amerikanische Experten an weiss gedeckten Tischen zusammensitzen. Zwischen den mehrheitlich in die Jahre gekommenen Herren mit kleinen Bierbäuchen sitzen junge Kasachinnen, die sich auf ihren High Heels offensichtlich wohl fühlen und sich von den Herren in Outdoorkleidung mit Wein und Cognac verwöhnen lassen.

Die Mitglieder der internationalen Öl- und Gasgemeinde scheinen sich bestens zu kennen. Regelmässig sorgt mal die eine, dann wieder eine andere Firma für einen Empfang, ein Nachtessen, einen Ausflug. Am nächsten Tag sitzen die Herren dann wieder in den klimatisierten Büros an ihren Computern, konferieren am Telefon oder lassen Faxmeldungen in ihre Zentralen verschicken.

## *Besuch im Hafen*

Obwohl unser Besuch angemeldet wurde, entsteht bei unserem Eintreffen an der Pforte zum Hafen eine grössere Aufregung und Ratlosigkeit, bis nach mehreren telefonischen Interventionen der auffallend gut gekleidete Meiram Gumarov, ein jüngerer Mann aus der Hafenverwaltung, eintrifft und den Wächtern an der Eingangspforte ein umfangreiches Dokument mit zahlreichen Stempeln und Unterschriften unter die Nase hält.

Auch auf dem Hafengelände wird es vorerst für uns nicht einfacher. Was auch immer wir filmen möchten, unser Aufpasser von der Hafenverwaltung ist meist der Meinung, dass dies und jenes nicht erlaubt sei. Nein, nicht von diesem Steg aus, nein, dieses Schiff gehört einem fremden Reeder! Glücklicherweise beginnt es zu regnen, was Meiram Gumarov irgendwie entmutigt, uns immer und immer wieder neue Anweisungen zu geben oder Drehverbote zu erteilen.

Auf unserer Hafenexpedition begleitet uns der kasachische Experte Rachimbek Amirschanov. Er ist Berater jener Firma, welche unmittelbar neben dem heutigen Aktauer Hafengelände einen neuen Ölterminal baut. Er erläutert uns das Geschehen auf dem Gelände.

So beobachten wir einen aserbaidschanischen Frachter, der einen ganzen Eisenbahnzug mit Zisternenwagen in seinem Bauch verschlingt. Langsam rollen die 58 Ölwaggons von den Schienen auf dem Hafengelände auf jene

Der Logistikexperte Rachimbek Amirschanov mit Peter Gysling auf dem Hafengelände von Aktau.

*Bahngleise, die sich auf zwei Etagen innerhalb des riesigen Schiffs befinden. Acht Stunden dauert diese komplizierte Beladung, die – wegen der riesigen Ölmenge und wegen des Gewichts des Eisenbahnzugs – von mehreren behelmten Disponenten behutsam kommandiert wird.*

*Als der Frachter vom Hafen ablegt, steuert er den Eisenbahnterminal auf der anderen Seite des Kaspischen Meeres, jenen in Baku, mit rund 3500 Tonnen Öl an Bord an. Die Zisternenwagen werden von dort an ihren Bestimmungsort weitergeleitet.*

*Neben dem Eisenbahnterminal werden aber auch gewöhnliche Tanker mit Öl beladen. Diese Frachter queren das Kaspische Meer mit bis zu 12 000 Tonnen Öl an Bord, müssen dann im Bestimmungshafen aber erst wieder gelöscht werden.*

Der kasachische Geschäftsmann Islambek Salzhanov ist Miteigentümer der Firma Altyn Kyran, die zusammen mit deutschen Partnerfirmen ebenfalls an einer neuen Hafenanlage bei Aktau beteiligt ist. Wir treffen ihn zufällig in der Lobby eines Hotels. Die Kapazitäten des bisherigen Hafens mit den Öltanks und dem Schienenterminal reichten längst nicht mehr aus, meint er. Es gelte jetzt, einen neuen, breiten Korridor für den Warentransfer zwischen China und Westeuropa zu errichten. In der neuen Hafenanlage, die sich jetzt im Endausbau befindet, könnten bald jedes Jahr zusätzlich zwei bis drei Millionen Tonnen Öl Richtung Westen verschifft werden. Im Hafen selbst wolle man zudem in modern ausgerüsteten Tanks grössere Mengen des schwarzen Goldes speichern können.

Durch die Entdeckung neuer, riesiger Ölfelder ist Kasachstan seit dem Beginn der Neunzigerjahre zu einem reichen Staat geworden.

Das Stadtzentrum der neuen kasachischen Hauptstadt Astana.

UNTERWEGS MIT EINEM DER VÄTER VON KASACHSTANS NEUER HAUPTSTADT

# «Ein bisschen Diktatur kann nicht schaden»

Astana: An der neuen Hauptstadt Kasachstans scheiden sich die Geister. Ausdruck des Grössenwahns eines autokratischen Präsidenten für die einen, architektonische Glanzleistung für die anderen. Auf Dekret von Präsident Nursultan Nasarbajew wurde der Regierungssitz 1997 vom pulsierenden Almaty in einen Provinzort mitten in der kasachischen Steppe verlegt. Mit Milliarden von Öl- und Gasdollars hat ein Heer von Architekten Astana in nur einem Jahrzehnt vom stalinistischen Provinznest in die Reihe architektonischer Weltwunder à la Shanghai und Dubai katapultiert. Shokhan Mataibekov ist einer von ihnen. Ein Porträt.

Shokhan Mataibekov liebt seinen Präsidenten. Hoch oben, in der gläsernen Kuppel des Bajterek-Turms, dem Wahrzeichen Astanas, legt er wie alle Kasachen seine Hand in den vergoldeten Relief-Abdruck der präsidialen Hand. Der Hand von Nursultan Nasarbajew. Seit dem Zerfall des Sowjetreichs ist er in Kasachstan an der Macht. Seit 22 Jahren. Er ist Präsident, Vater der Nation, Alleskönner – zumindest in den Augen des Architekten. «Der Präsident ist alles für mich», sagt Shokhan Mataibekov, «er versteht alles, er denkt an alles und hat mir Ideen gegeben, auf die ich selbst nie gekommen wäre.»

Die umstehenden Kasachen nicken zustimmend. Der Architekt blickt auf die Stadt. Seine Stadt. Auch wenn er immer wieder betont, Astana sei das Kind des Präsidenten. «Des Präsidenten allein», wiederholt er – sicher ist sicher. Drei Jahre lang, von 2005 bis 2007, gehörte Shokhan Mataibekov zum Komitee der obersten Stadtplaner. In jener Zeit entstanden Gebäude, die weltweit für Furore sorgten. Das «Triumph Astana», die «tanzenden Häuser», das «Haus der Ministerien» mit seinen goldenen Wachtürmen vor dem Präsidentenpalast. Viele dieser Gebäude stammen von ihm. «Alle sagten, was wir vorhaben, sei verrückt», erinnert er sich. «Doch Gott sei Dank blieb der Präsident hartnäckig, und heute ist Astana ein Symbol für die Stärke Kasachstans.»

## Die grossen Architekten der Welt haben sich in Astana ausgetobt

In wenigen Sekunden bringt der gläserne Aufzug des Bajterek-Towers die Besucher in das Herz der Stadt. Am Ausgang fällt der Blick auf drei Wolkenkratzer, die sich wellenförmig gen Himmel strecken: Die «tanzenden Häuser». Shokhan Mataibekov hat sie erschaffen, zusammen mit zwei weiteren Architekten. Wohin der Blick auch fällt, bietet das Stadtzentrum Astanas architektonische Extravaganz der Sonderklasse. Die grossen Architekten der Welt haben sich auf dem Spielplatz Astana ausgetobt, grosszügig bezahlt aus den Kassen des kasachischen Autokraten. Einer von ihnen ist der britische Stararchitekt Sir Norman Foster. Gleich

Das Stadtzentrum von Astana, ein Spielplatz für Architekten.

Die «tanzenden Häuser» des kasachischen Architekten Shokhan Mataibekov.

Der Bajterek-Turm, Wahrzeichen der kasachischen Hauptstadt Astana vom britischen Stararchitekten Sir Norman Foster.

mehrere Bauwerke in Astana stammen von ihm. Doch sein kasachischer Kollege winkt ab. «Wir leben in einer Zeit der Globalisierung. Deshalb ist es gut, dass wir hier viele Stile aus der ganzen Welt haben. Aber das meiste stammt von uns.» Zum Beispiel seine «tanzenden Häuser». «Wir haben hier in der Gegend sogenannte tanzende Bäume», erklärt er. «Das sind Bäume mit Stämmen wie Schlangenlinien, sie sehen aus, als würden sie tanzen. Deshalb dachte ich mir, die Hochhäuser sollen auch tanzen können.» Er blickt hinauf, dorthin, wo der tiefblaue Himmel die obersten Stockwerke seiner Wolkenkratzer direkt in sich aufzunehmen scheint. Ein architektonischer Traum für die Reichen der Stadt, die sich hier zu Hunderten einquartiert haben.

## «State of the Art – was sonst?»

Shokhan Mataibekov spricht von Geld wie von einer der lästigen Stechmücken, die im kurzen Sommer zu Millionen über die Bewohner Astanas herfallen. «Ohne Geld geht's halt nicht», sagt er, während er im Inneren seines neuesten Bauwerks auf ein Treffen mit kasachischen Investoren wartet. Vor fünf Jahren war er aus dem Kreis der wichtigsten Stadtplaner Astanas ausgeschieden. Um sich seinen eigenen Projekten besser widmen zu können, wie er sagt. Er setzt ein verschmitztes Lächeln auf. «Ich habe beste Kontakte, der Präsident kennt mich gut.» Mehr will er zu diesem Thema nicht sagen. Viel lieber redet er von seinem neuen Projekt, der Astana Music

Ausblick aus dem Bajterek-Turm.

Hall. Der modernste Tanzpalast Astanas, verpackt in der Form einer antiken Vase. «Die Vase repräsentiert Reichtum», schwärmt Mataibekov, der sich ausschliesslich in westlichen Modelabels kleidet, «das sollen die Menschen, die an diesen Ort kommen, spüren.» Im Innern des Musiktempels sind Bühne und Zuschauerflächen individuell höhenverstellbar, das technische Equipment ist vom Besten. «Was sonst?», fragt Altimbekov.

## Das weisse Grab

Ein Steinwurf entfernt – das andere Astana. Jenes, das noch aussieht wie das alte Städtchen Akmola, bevor es vom vergessenen Provinznest zur Hauptstadt gekürt wurde. Akmola heisst auf Kasachisch so viel wie «das weisse Grab». In diesen Stadtteilen müssen die Menschen auch im 21. Jahrhundert noch ohne fliessendes Wasser auskommen und ihr Geschäft ausserhalb des Hauses in einem Verschlag verrichten. Mit Blick auf die Wolkenkratzer des Präsidenten. Bei Temperaturen, die zwischen minus 40 im Winter und plus 40 Grad im Sommer schwanken. Zhumat Shamshanov ist einer, der schon immer hier gewohnt hat. Er ist alt und krank. Dennoch quält er sich jeden Tag zur Wasserpumpe. Seine Stimme ist müde wie sein Körper. «Es ist, als ob wir hier nicht existierten», sagt er, den Blick in Richtung der Fantasiebauten des Präsidenten. «Ich war bei den Behörden, für unsere Häuser gibt es nicht einmal mehr Pläne auf den Äm-

Die Astana Music Hall in Form einer antiken Vase.

tern.» Im Stadtviertel der Vergessenen ist wenig zu spüren von der Euphorie der Architekten. «Für mich selbst habe ich die Hoffnung auf ein besseres Leben aufgegeben», sagt Zhumat Shamshanov, «aber meine Kinder und Enkelkinder sollen es eines Tages besser haben.»

Wenige Autominuten entfernt ist Shokhan Mataibekov zufrieden mit seinem Investoren-Meeting. Er ist dick im Geschäft. «Natürlich weiss ich, dass es hier und im ganzen Land vielen Menschen sehr schlecht geht», sagt er, während er die Luxusmöbel für die VIP-Lounge seines Tanzpalastes inspiziert. «Aber so ist das doch überall auf der Welt, auch in der Schweiz. Es gibt immer und überall solche, die nicht so viel haben wie die anderen.»

## Skipiste auf dem Dach eines Wohnhauses

Der Architekt steht auf der Sonnenseite des kasachischen Lebens. Er hat beste Kontakte, bis ganz oben. Einer von ihnen ist der derzeitige Chefarchitekt von Astana, Bakhtybay Taytaliev. Nach dem Präsidenten ist er es, der entscheidet, was in Astana gebaut wird und was nicht. Bis 2030 soll die neue Hauptstadt von derzeit 700 000 auf die doppelte Einwohnerzahl anwachsen, so will es der Präsident. Ein Millionenmarkt für Architekten. Und Shokhan Mataibekov ist ganz vorne mit dabei. Im zentralen Planungsbüro von Astana umarmt er den Chefarchitekten. Dann holt er die Entwürfe seines neuesten Projekts hervor. Eine Skipiste, gebaut auf dem Dach eines futuristischen Wohnblocks. Mataibekov ist begeistert von seiner Idee. «Die Leute werden nicht mal merken, dass da jemand auf ihrem Dach Ski fährt!» Einen Skihügel könnte man auch in einem der Stadtparks aufschütten, aber in Astana denken Architekten in anderen Dimensionen. Der Präsident persönlich stehe voll hinter seinem Projekt, so Mataibekov.

Für die weltweiten Unkenrufe, der Präsident wolle sich mit der neuen Hauptstadt lediglich ein megalomanisches Denkmal setzen, haben beide Architekten nur ein müdes Lächeln übrig. «Und wenn schon.» Chefarchitekt Bakhtybay Taytaliev zuckt mit den Schultern. «Wenigstens entsteht dabei etwas Schönes.» Shokhan Mataibekov nickt zustimmend. Auch er hat trotz seines westlichen Looks wenig übrig für westliches Demokratieverständnis. «Was soll das?», fragt er. Und zeigt mit dem Finger auf jene, die mit dem Finger auf seinen Präsidenten zeigen. «Die sogenannte Demokratie USA hat Guantánamo geschaffen. Und die Finanzkrise wurde von den sogenannten demokratischen Vorbildern USA und Europa losgetreten.»

Beim Zusammenpacken der Entwürfe seiner futuristischen Hochhaus-Skipisten schüttelt er mit dem Kopf. «Ein bisschen Diktatur kann nicht schaden», sagt er überzeugt. «Nur so bringt man die Dinge voran, anstatt sich in ewigen Diskussionen zu verlieren, Astana ist das beste Beispiel.»

Mitja Rietbrock

*Die Energiespezialisten kommen ob ihren Projekten ins Schwärmen. Sie sehen eine rosige Zukunft vor sich. Für sich selbst, für ihre Firmen, aber auch für die Menschen in der kasachischen Hafenstadt, denn ihr komme angesichts des Energiehungers im Westen eine immer wichtigere Rolle zu.*

*Rachimbek Amirschanow, der Berater der Firma Aski Mangistan, geht davon aus, dass sich dereinst in Aktau – mithilfe der Eisenbahnterminals an den Ufern des Kaspischen Meeres – auch die wichtigsten Eisenbahnverbindungen aus dem Westen mit jenen aus Zentralasien verknüpfen werden. «Hier werden sich dereinst die Eisenbahnverbindungen kreuzen, welche zwischen den europäischen Zentren über die Türkei, durch den Südkaukasus und dann über Zentralasien bis nach China geleitet werden», schwärmt er. Das derzeit eher graue Aktau werde bald einen immer wichtigeren Part auf der modernen Seidenstrasse übernehmen.*

### Auf einer Kamelfarm in der kasachischen Steppe

Von Aktau aus fahren wir etwa 40 Kilometer landeinwärts. Zuerst auf einer gut ausgebauten Strasse, bis wir die legendäre sandige Karagije-Senke vor uns sehen, deren Niveau 130 Meter unter dem Spiegel des Kaspischen Meeres liegt. Hier in der Nähe befindet sich auch ein wichtiges kasachischen Ölfeld, einsam in der Steppe, weitab von menschlichen Siedlungen.

Wir biegen hier ab und fahren während gut einer halben Stunde auf einem Sandpfad durch die Steppe. Wenn unser Fahrer die mit Regenwasser gefüllten Furchen umfährt, kommt unser Auto manchmal leicht quer zur Fahrtrichtung ins Rutschen. Ab und zu begegnen wir einem Kamel oder Pferden.

Wenn die Sonne am Himmel nicht zu sehen wäre, könnten wir uns überhaupt nicht orientieren! In welche Richtung man auch immer blickt, der Horizont sieht überall gleich aus: Nur die flache Steppe mit niedrigen Grasbüscheln ist zu sehen, kein Baum, kein Mast, kein Haus. Hier spüre ich zum ersten Mal in meinem Leben, wie es wohl sein muss, wenn man sich in einer Wüste verirrt.

Kasachstan besteht zu weiten Teilen aus Steppe und war bis zur Entdeckung der Ölvorräte ein armes Land.

Endlich treffen wir auf der Farm Borschachta der Familie Akmursajew ein. Drei ebenerdige, einfache Wohnhäuser stehen hier in einer kleinen Steppensenke. Ein schwarzer Hund wälzt sich im Schatten eines in die Jahre gekommenen Jeeps, ein Arbeiter zieht gerade einen geflickten Reifen auf eine Autofelge auf, eine ältere Frau versorgt ihre Hühner. Von weitem hört man das Klönen der Kamele, die in einem Gehege vor zwei Stallungen darauf warten, gemolken, allenfalls geschoren und vor allem freigelassen zu werden.

Die alten sowjetischen Fahrzeuge sind in ganz Zentralasien noch in regem Gebrauch.

Der Film «Space Tourist» des Schweizers Christian Frei überwältigt mit fantastischen Aufnahmen.

# Weltraumfahrt der ehemaligen UdSSR

Baikonur galt während des Kalten Krieges lange Zeit als streng geschützter militärischer Sicherheitsbereich. 1955 kamen die ersten Offiziere in die kasachische Steppe, um hier das Kosmodrom aufzubauen. Es entstand das Testgelände für die ersten Interkontinentalraketen der Sowjetunion. Der Weltraumbahnhof ist fast dreimal so gross wie das Grossherzogtum Luxemburg und gilt als grösster Raketenstartplatz der Welt.

**Wie teuer darf ein Traum sein?**

In seinem Dokumentarfilm «Space Tourists» wendet sich der Schweizer Regisseur Christian Frei einem alten Menschheitstraum zu, der in Baikonur seinen Anfang nimmt. Dem Traum, dass wir Menschen unseren Planeten verlassen und ins Weltall reisen können. Die Amerikanerin Anousheh Ansari hat sich für 20 Millionen Dollar diesen Kindheitstraum erfüllt. Der Film begleitet sie auf ihrer Reise ins All und zeigt den Alltag in der Internationalen Raumstation. Mit beeindruckenden Bildern vom Start der Sojus-Rakete, dem Aufenthalt auf der ISS, oder aber dem kargen Leben in Baikonur in der kasachischen Steppe erzählt der Film die Geschichte unserer Erde.

**Filmtipp:**

**Space Tourists**
CH 2009, 90'

Regie: Christian Frei,
Kamera: Peter Inderganz
Produktion: Christian Frei Filmproduktion GmbH

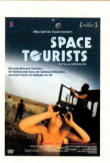

Russland hat heute den Weltraumbahnhof in Baikonur gepachtet.

Die Angestellten in Baikonur leben sehr bescheiden, abseits der Verkehrswege.

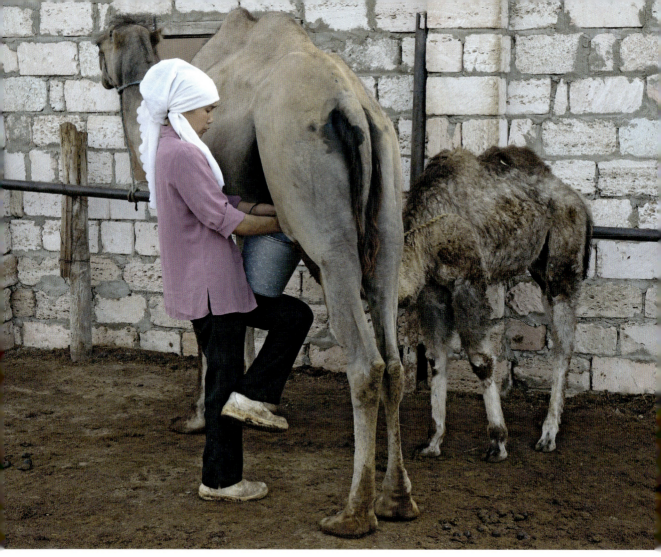

Kamelmelkerin Gulnaz Schalanowa bei der Arbeit.

Während die Kamel-Männchen das Jahr hindurch auf sich alleine gestellt in der Steppe leben, müssen sich die Bauern jeden Tag um ihre Stuten kümmern. Im Frühjahr werden diese vier Mal am Tag gemolken, im Frühsommer drei Mal und vom Herbst an noch zwei Mal pro Tag. Kamelmilch schmeckt, wenn sie frisch ist, ganz ähnlich wie Kuhmilch, ihr Eiweiss- und Fettgehalt soll jedoch bedeutend grösser sein.

Eben verlässt die junge Karakalpakin Gulnaz Schalanowa mit einem Plastikkessel in der Hand ihr Wohnhaus. Ich folge ihr und darf ihr beim Melken zusehen. Geschickt stemmt sie ihr linkes Bein so hoch, dass sie den blauen Plastikeimer zwischen ihr linkes Knie und den Bauch des Kamels klemmen kann. Mit den Fingern beider Hände beginnt sie, die Kamele, eins nach dem andern, an ihren Eutern zu melken. Zusammen mit ihrem Bruder hat Gulnaz vor einem halben Jahr hier als Melkerin und Hilfsarbeiterin eine Arbeit mit Kost und einfachem Logis gefunden. In ihrer Heimat, in Usbekistan, waren die Geschwister arbeitslos.

Der 54-jährige Chef der Kamelfarm, Lisgin Akmursajew, macht sich Sorgen über seine Nachfolge.

Alle zwei Tage fährt der 54-jährige Chef der Farm, Lisgin Akmursajew, die Milch mit seinem Auto in die Stadt, nach Aktau. In der Regel einmal im Jahr wird den Kamelen das Haar, vor allem die Halskrause geschoren.

Nach dem Melken werden die erwachsenen Kamele aus der Umzäunung geführt. Einzelne Kamel-Weibchen bleiben zuerst am Aussengehege kurz stehen, sie tun sich schwer, sich von ihren Kleinen zu trennen, und werfen diesen – wie mir scheint – einen traurigen Blick zu.

Lisgin Akmursajew und seine Schwester Khan Bibi Akmursajewa, die einst allein die Farm geführt hat, empfangen uns schliesslich in ihrem Haus. Wir unterhalten uns über das Schicksal der Kamelzüchter, darüber, dass es immer schwieriger wird, die jüngere Generation für das Leben und eine Arbeit in der Steppe weitab von der übrigen Zivilisation zu begeistern. Zum Abschluss unserer Runde – auf den Decken am Boden ihrer kleinen Stube – wird uns allen eine Tasse Kumys, leicht vergorene Kamelmilch, gereicht.

Frühmorgens auf der Farm.
Bald werden die Kamele hinausgelassen.

Kurzer Zwischenhalt auf der Bahnfahrt von Aktau nach Beyneu.

## Mit der Bahn nach Beyneu

*Schon eine gute Stunde vor Abfahrt unseres Zuges herrscht im Bahnhofsgebäude und auf den Perrons bei den Gleisen dichtes Gedränge. Mit Taschen bewehrte Passagiere versuchen sich einen Weg durch die mit Koffern verstellte Bahnhofshalle zu bahnen. Ein Taxifahrer hält lautstark Ausschau nach Kundschaft. Ein Kind heult, Menschen rufen einander zu, verabschieden sich nochmals, bevor sie sich nach einer geeigneten Stelle auf dem Perron umsehen, von der aus sie nach Eintreffen des Zuges möglichst schnell den Bahnwaggon erreichen können, in dem sie sich einen Sitzplatz reserviert haben.*

*Neben den Gleisen bieten Frauen an improvisierten Verkaufsständen Mineralwasser, Bier, Wurst, Biskuits oder Fladenbrot feil. Obwohl man sich auch im Zug mit etwas Tee und einfachsten Mahlzeiten eindecken kann, lassen sich hier die meisten Zugspassagiere noch etwas Zusatzproviant für die lange Reise nach Beyneu einpacken.*

*Endlich geht's los! Beim Anfahren rüttelt die Zugskomposition, die schwarzrauchende Diesellok scheint nur sehr langsam in Fahrt zu kommen. Wir ärgern uns darüber, dass das Fenster unseres Abteils aussen völlig verschmutzt ist und dass wir es nicht öffnen können. Immerhin, auf der andern Waggonseite, im Flur, lassen sich ein paar Fenster etwas öffnen. Schliesslich wird uns gar erlaubt, während der Fahrt die Zustiegstür vorsichtig zu öffnen, damit wir Steppenlandschaft dort, dem heftigen Fahrtwind ausgesetzt, filmen können.*

*Als wir in Beyneu ankommen, ist es bereits Mitternacht. Wir haben Mühe, das Gasthaus zu finden, in dem wir Zimmer reserviert haben. Auch auf ein Frühstück müssen wir dort am nächsten Morgen verzichten. Immerhin konnten wir uns etwas ausruhen, bevor uns ein Fahrer über die letzte holprige Wegstrecke bis zur usbekischen Grenze führt.*

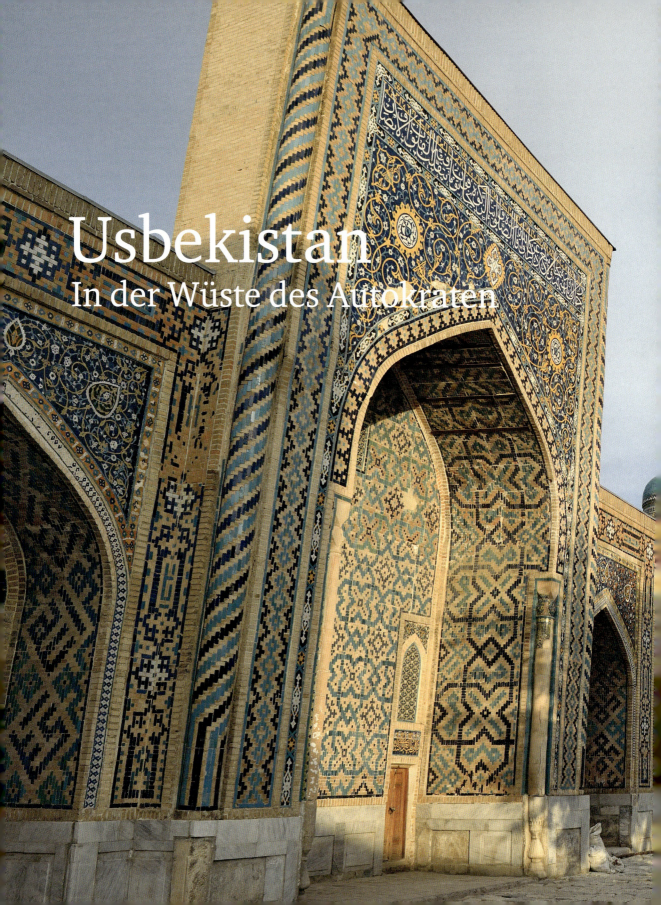

# Usbekistan
## In der Wüste des Autokraten

# Usbekistan in Kürze

| | |
|---|---|
| **Hauptstadt:** | Taschkent |
| **Fläche:** | 447 400 km², rund neunmal grösser die Schweiz |
| **Einwohnerzahl:** | 27,7 Millionen |
| **Staatsform:** | Präsidialrepublik |
| **Staatsoberhaupt (2012):** | Islam Karimow |
| **Amtssprache:** | Usbekisch, regional auch Karakalpakisch |
| **Religion:** | ca. 89 % sunnitische Muslime |
| **Höchster Berg:** | Hazrat Sulton mit 4643 Metern |
| **Landschaft:** | Usbekistan erstreckt sich von den Wüsten am Aralsee im Westen bis zum fruchtbaren Ferganatal im Osten. |
| **Wirtschaft:** | Usbekistan ist der drittgrösste Baumwollexporteur der Welt. Daneben ist die Förderung von Erdgas, Gold und Kupfer sowie die Produktion von Chemikalien und Maschinen bedeutend. |
| **Geschichte:** | Usbekistan war seit langer Zeit geprägt durch die Seidenstrasse. Später folgte eine Zeit muslimischer Dynastien in diesem Gebiet. Im Gegensatz zu seinen Nachbarländern war die Region Usbekistans seit dem frühen Mittelalter ein Kerngebiet der islamischen Kultur. Es wurde regiert von Khans, eine Zeit lang war es auch Teil des Mongolenreichs. Im 19. Jahrhundert arbeitete sich Russlands Kolonialherrschaft bis nach Usbekistan vor. 1920 wurde es eine Sowjetrepublik. Seit 1991 kam es immer wieder zu Konflikten, vor allem im Osten des Landes. |
| **Politik:** | In der Theorie ist Usbekistan eine unabhängige Republik mit demokratischer Verfassung. In der Umsetzung hapert es jedoch. So ist Islam Karimow seit der Staatsgründung 1991 Präsident, die Verfassung sieht allerdings nur eine einmalige Verlängerung der Amtszeit von fünf Jahren vor. |

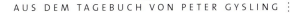

AUS DEM TAGEBUCH VON PETER GYSLING

## Die schwierige Einreise

*Wir tragen unsere Gepäckstücke durch das kasachische Zollgebäude. Hier werden wir schnell abgefertigt. Dann aber müssen wir warten. Zusammen mit vielen anderen. Vor den Gittern der usbekischen Grenzstation stehen in der gleissenden Mittagssonne etwa zwei Dutzend Reisende. Hinter den Gittern patrouilliert ein behelmter usbekischer Grenzsoldat. Auch auf wiederholtes Zurufen reagiert er nicht. Schliesslich lässt er uns mürrisch wissen, die usbekischen Zollbeamten seien jetzt in der Mittagspause. Inmitten weggeworfener Bier- und Colaflaschen suchen wir an einer Grenzmauer etwas Schutz vor der Sonne. Nein, hier hat man nicht auf Fremde gewartet!*

*Doch dann stellt sich heraus: Die usbekischen Grenzpolizisten sind über unser Kommen orientiert. Im Zollgebäude ruft uns eine ältere Dame zu, sie heisse Larissa, und wir seien bestimmt das Schweizer Fernsehteam, das sie von hier aus begleiten werde, und zwar die ganze Zeit über, bis zu unserer Ausreise aus Usbekistan.*

*Larissa Siltschenko hilft uns, die komplizierten Zollformulare auszufüllen. Den Beamten bedeutet sie, dass wir offizielle Gäste seien, aber auch, dass sie selbst als Autoritätsperson zu respektieren sei. «Junger Mann, beeil dich, schliess' die Tür auf!», herrscht sie den Soldaten an, der sich bei der letzten Kontrollstelle anschickt, nochmals unsere Reisedokumente zu studieren.*

*Auf der usbekischen Seite der Landesgrenzen gibt es kein Teehaus, keinen Kiosk, rein gar nichts! Auf der mit Sandstaub bedeckten Strasse strecken uns Frauen dicke Bündel usbekischer Som entgegen. Bei ihnen könnten wir unsere Dollars zu einem günstigen Schwarzmarktkurs wechseln. Dies sei zwar illegal, werde in der Praxis aber kaum geahndet, meint unsere offizielle Begleiterin. Trotzdem fordert sie uns auf, unsere Devisen an anderer Stelle zu wechseln.*

*Auf einem Parkplatz wartet der Fahrer unseres Reisebüros, in dessen gestrenge Obhut wir uns für unsern Trip durch Usbekistan begeben müssen. Es ist uns nicht erlaubt worden, eine Journalistenreise frei nach unsern Wünschen zu planen. Wir mussten Strecke und Vorhaben bewilligen lassen und seien im Übrigen gehalten, keine spontanen Interviews mit Leuten zu führen, die wir auf unserer Reise antreffen.*

*Touristen sind in Usbekistan willkommen, Journalisten eher nicht. Das Regime unter dem selbstherrlich regierenden Langzeitpräsidenten Islam Karimow sieht es zwar gerne, wenn über die faszinierenden Sehenswürdigkeiten seines Landes berichtet wird, er stört sich aber daran, wenn gleichzeitig etwas über die Verletzung elementarer Menschenrechte gesagt wird. Oder über die Kinderarbeit auf den usbekischen Baumwollfeldern, die schlimmen Verhältnisse in usbekischen Gefängnissen, die Justizwillkür oder den brutalen Umgang des Geheimdienstes mit der unterdrückten Opposition.*

*Bald zeigt sich auch, dass unsere «Reiseleiterin» Larissa etwa im Halbstundentakt per Telefon kontaktiert wird. Sie ist dann angehalten, darüber zu berichten, wo wir uns gerade befinden, was wir gerade tun und ob wir uns auch an das von den Regierungsstellen abgesegnete Reiseprogramm hielten.*

*Die holperige Autofahrt durch die Steppe der Ust-Urt-Ebene nach Nukus, unserm ersten Ziel in Usbekistan, ist eher etwas eintönig. Wir müssen diese Strecke wirklich «erfahren» und können uns gut vorstellen, wie lange und wie ermüdend die Reise für die Händler gewesen sein muss, die hier seit dem Mittelalter unterwegs waren.*

Zeugen des ehemaligen Aralsees.
Bild von Peter Gysling, aufgenommen 1992 bei seinem ersten Besuch am Aralsee.

DER ARALSEE HAT SICH IN EINE WÜSTE VERWANDELT

# Sand statt Wasser, Salz statt Süsswasser

Der Aralsee: Vor fünfzig Jahren war seine Oberfläche anderthalbmal so gross wie die Schweiz und erstreckte sich zu beiden Seiten der usbekisch-kasachischen Grenze. Heute ist der See um 90 Prozent geschrumpft und hat sich in eine salzige Wüste mit drei kümmerlichen Rest-Seen verwandelt. Zu Recht gilt der Aralsee als eine der grössten ökologischen Katastrophen der Welt.

Die usbekische Hafenstadt Munjak liegt heute über 130 Kilometer entfernt vom Ufer dessen, was vom Aralsee übrig geblieben ist. Gestrandete Schiffe rosten vor sich hin, die ehemalige Fischfabrik droht zu zerfallen. In der Stadt, in der früher 54 000 Menschen lebten, sind noch ganze 12 000 übrig geblieben. Die verlassene Stadt bietet einen traurigen Anblick: rostiges Blech, leere Häuser, zerschlagene Scheiben.

Trotz zahlreicher Appelle und internationaler Konferenzen ist der See seit dem Beginn der Neunzigerjahre weiter geschrumpft. Das restliche Wasser ist versalzt. Es gibt viele Pläne, den See zu retten, und nur wenige Resultate. «Wenn jeder der internationalen Experten, die hier vorbeikamen, eine Flasche Wasser gebracht hätte, wäre der See wieder voll», spottet ein usbekischer Bekannter.

## Wasser für die Baumwollproduktion

Am Anfang der Katastrophe stand der wahnwitzige Entscheid, die beiden Flüsse Amu Darja und Syr Darja umzuleiten und ihr Wasser für die Baumwollproduktion einzusetzen. So gesehen ist der heutige Zustand des Sees eine tragische Hinterlassenschaft der Stalin-Ära. Die Baumwolle wurde damals zum wichtigsten Produkt Usbekistans und Kasachstans und machte auch in den frühen Neunzigerjahren noch rund 50 Prozent von Usbekistans Exporterlösen aus. Inzwischen schrumpft die wirtschaftliche Bedeutung der Baumwolle in diesem Land, das noch vor 20 Jahren der drittgrösste Baumwollexporteur der Welt war.

Nach dem Zerfall der Sowjetunion blieben die meisten Bemühungen, den Aralsee zu retten, ohne Erfolg. Nicht zuletzt darum, weil die fünf zentralasiatischen Länder beschlossen hatten, weiterhin ungefähr gleich viel Wasser für die Landwirtschaft abzuzweigen. So wurden zwar seit den Neunzigerjahren mehr als 1,3 Milliarden Dollar zur «Rettung» des Aralsees ausgegeben. Doch der Seespiegel sank weiter. Der Boden versalzte. Die Wüste breitet sich aus. Und auch das Mikroklima soll sich verändert haben: Die Winter sind strenger, die Sommer heisser. Dazu kommen Staubstürme und ein grosser Artenverlust in Flora und Fauna.

## Erholung des Ökosystems

Hoffnung gibt es im Moment immerhin auf dem zum «nördlichen Aralsee» geschrumpften kasachischen Teil des Sees. Dort haben die Planer einen 13 Kilometer langen und 8 Meter hohen Damm bauen lassen, um zu verhindern, dass sich das Wasser des Flusses Syr Darja in der Wüste verteilte.

So bekommt dieser Bericht doch noch eine optimistische Note: Der Salzgehalt in diesem nördlichen Aralsee nahm erstaunlich schnell ab, und der Fischbestand ist wieder auf wirtschaftlich nutzbare Mengen angewachsen. 1500 Fischer legen ihre Netze aus, die Menge der Fische ist von 3500 Tonnen im Jahr 2005 wieder auf 18 000 angestiegen. Jetzt ist eine Erhöhung und Verlängerung des Dammes vorgesehen. Philip Micklin, ehemaliger Geografieprofessor aus den USA, der am Aralsee geforscht hat, sagt: «Es ist erstaunlich, wie schnell sich das Ökosystem wieder zu erholen beginnt.» Ein Erfolg, wenn auch nur in einem Bruchteil des ursprünglich riesigen Aralsees.

Ein kleiner Staudamm bewirkt grosse Wunder: Wasser aus dem Zufluss Syr-Darja erweckt zumindest den kasachischen Teil des Aralsees wieder zum Leben.

Schwierige Strassenverhältnisse: Ausgebrannter Lastwagen nach dem Grenzübertritt in Usbekistan.

Wir bekommen auf dieser Holperfahrt auch einen Eindruck, welche Strapazen die vielen Fernfahrer erdulden, wenn sie heute ihre Sattelschlepper durch die Fahrrinnen dieses Teils der alten und neuen Seidenstrasse jonglieren.

### Das Museum in der Wüste

Karakalpakstan ist ein unwirtliches Gebiet. Früher brachte hier die Hunderte Kilometer lange Küste des Aralsees kühle Luft und frischen Fisch heran. Heute jedoch herrschen in dieser Gegend Temperaturen bis zu 60 Grad Celsius, die Erde ist unfruchtbar und das Trinkwasser schwer belastet.

Dass uns in Nukus der Besuch eines äusserst sehenswerten Museums bevorsteht, war uns bewusst. Doch als uns die Kuratorin und Direktorin Marinika Babanazarowa durch die Ausstellung begleitet, werden alle unsere Erwartungen übertroffen.

Das Museum beherbergt eine einzigartige Sammlung von Gemälden, die in den Dreissigerjahren vom damaligen Sowjetregime unter Stalin als entartete Bürgerkunst klassifiziert worden sind.

Wie durch ein Wunder war es dem russischen Künstler, Archäologen und Sammler Igor Sawitzki (1915–1984) gelungen, im Laufe vieler Jahre 15 000 Gemälde sowjetischer Avantgardisten hier in Karakalpakstan in Sicherheit zu bringen. Das war insofern ein Glücksfall für das Museum, als es zu weit weg lag vom Zentrum der Sowjetunion und für sie zu unbedeutend war.

Sawitzki sammelte aber nicht nur Avantgardisten. Auch der traditionellen Volkskunst der Karakalkapen ist ein gewichtiger Teil des Museums gewidmet. Wie auch jener der Usbeken.

Auch diese «Volkskultur» wurde von Stalins Kultur-Bürokraten kleingemacht. Denn schliesslich sollten alle Sowjetbürger mehr oder weniger gleich sein.

Sawitzkis Sammlung befindet sich seit 2002 in einem modernen Museumsgebäude, und die einst private Sammlung wird jetzt als staatliches Kunstmuseum geführt. Trotzdem fürchtet Marinika Babanazarowa, dass sich die herrschende Elite in Taschkent am Museumsbestand bereichern und einen Teil der wertvollen Sammlung an Kunstsammler verscherbeln könnte. Marinika Babanazarowa, die engagierte und temperamentvolle Direktorin des Museums, ist zwar jüngst vom usbekischen Präsidenten für ihre Verdienste geehrt worden, aber auch sie scheint den Herrschenden nicht über den Weg zu trauen.

Tausende von Bildern aus der Sawitzki-Sammlung liegen derzeit in einem heruntergekommenen Gebäude gegenüber dem Museum auf provisorisch eingerichteten Regalen. Sie werden dort von einem kleinen Restauratorenteam notdürftig instand gehalten. Im Museum selbst könne nur etwa drei Prozent der Sammlung gezeigt werden, erklärt uns die Direktorin. Während sich das Museumsgebäude recht modern präsentiert, mangelt es an finanziellen Mitteln, das Bilderlager fachgerecht zu betreiben; es fehlt auch das Geld für einen sachgerechten Einsatz der Klima- und Entfeuchtungsgeräte.

Obwohl der Staat die Sammlung offiziell unterstützt, haben die Behörden beispielsweise

Restauratorin im Lager des Sawitzki-Museums.

Auslandreisen des Museumspersonals verboten. Auch jene der Direktorin.

Es weist vieles darauf hin, dass in den Büros der usbekischen Verwaltung noch immer sowjetisches Denken vorherrscht. Dass die Besucher des Sawitzki-Museums mit der reichen karakalpakischen Volkskultur konfrontiert werden, scheint in der usbekischen Hauptstadt zwar gut anzukommen, dass die Besucher aber gleichzeitig mit einem dunklen Kapitel der sowjetischen Kulturgeschichte konfrontiert werden, möchte man dort offenbar lieber verdrängen.

Denn im gewissen Bereichen des gesellschaftlichen und politischen Lebens sind deutliche Parallelen sichtbar zwischen der damaligen sowjetischen Periode unter Stalin und der Art und Weise, wie Usbekistan heute regiert und beherrscht wird.

Auf einem der prominenten Bilder des Museums von Michail Kursin (1888–1951), der zusammen mit Alexander Wolkow (1886–1957) die Gruppe «Meister des Neuen Orients» gegründet hatte, wird das Frauenbild der (damaligen) islamischen Gesellschaft auf die Schippe genommen.

Während sich die erste Frau des karikierten Harembesitzers relativ frei bewegen kann, werden die übrigen Frauen der Gemeinschaft als unterdrückte Figuren mit zugeschnürten Köpfen dargestellt.

***Die Entstehung des einzigartigen***
*Sawitzki-Museums in Nukus geht zurück auf die Zeit nach der Oktoberrevolution 1917. Neben Politkommissaren und Ethnologen kamen nun auch russische Künstler in den Süden des neuen Sowjetreichs. Die architektonischen Hinterlassenschaften der alten Kulturen an der Seidenstrasse, die exotischen Menschen und ganz besonders das aussergewöhnliche Licht in dieser Wüstengegend inspirierten die jungen russischen Maler ähnlich, wie Gaugin dreissig Jahre früher von der Südsee inspiriert wurde. Wie die Tahiti-Schönheiten des Franzosen fanden hier orientalische Motive Eingang ins künstlerische Werk der Russen. Und auch die usbekische Volkskunst mit ihrer Ornamentik- und Kalligrafietradition wurde von den Modernisten begeistert aufgenommen. Heute können wir anhand der Kunstsammlung in Nukus ausgezeichnet die Verwobenheit lokaler, islamischer und europäischer Denkmuster und Ästhetiken studieren.*

Seit Jahren wird am Neubau des usbekischen Strassennetzes gearbeitet. Der Zustand der Piste zwischen Nukus und Chiwa ist zum Teil prekär.

### Die faszinierenden Moscheen und Medresen

Die Fahrt nach Chiwa nimmt abermals mehrere Stunden in Anspruch. Die Strasse wird zwar neu gebaut. Auf den bereits fertig betonierten Streckenabschnitten verstellen jedoch grosse Quader die Durchfahrt. Der alte Strassenteil daneben ist völlig ruiniert. Die Lastwagen, die uns hier entgegen kommen, schwanken bedrohlich beim Umkurven der ärgsten Schlaglöcher. Wir kommen zeitweise nur mit einer Geschwindigkeit von rund 20 Stundenkilometern voran. Ab und zu kreuzt ein Kamel unseren Weg.

Dass die Strecke nicht ungefährlich ist, beweisen die Lastwagen-Wracks am Strassenrand.

Reis- und Baumwollfelder in Usbekistan verschlingen einen grossen Teil des Bewässerungsvolumens.

Endlich wird die Landschaft grüner. Wir nähern uns den Ausläufern des Amu Darja-Flusses. In den quadratisch angelegten Reisfeldern arbeiten Frauen in langen Kleidern. Wir fahren auch an Baumwoll- und Reisfeldern vorbei. Die Ernte des «weissen Goldes» wird noch ein paar Wochen auf sich warten lassen.

Von der Strasse aus ist auch immer das Pipelinenetz zu sehen, mit dem Gas aus der Kisilkumwüste in die Uralregionen nach Russland weitertransportiert wird. Von der Anlage bei Nurata aus wird seit einiger Zeit auch Gas und Öl nach China gepumpt: Die Usbeken treiben Geschäfte mit beiden Grossmächten in der Region.

Als wir der Stadt Chiwa näher kommen, überblicken wir von einer Krete der Steppe aus die mäandernden Ausläufer des Amu Darjas.

Usbekistans Baudenkmäler erinnern an die erste Hochblüte der Seidenstrasse.

**Erich Gysling** ist Schweizer Publizist und bereist Zentralasien seit vielen Jahren. Der ehemalige Chefredaktor des Schweizer Fernsehens ist Experte für die Entwicklung der islamischen Länder. Er sieht die grossen wirtschaftlichen Chancen dieses Raumes, aber auch die Gefahren für die Entwicklung einer Zivilgesellschaft. Christoph Müller hat ihn interviewt.

Erich Gysling vor dem Zug Aschgabat – Atamurat.

*Christoph Müller: Wie beurteilen Sie die Entwicklungen in Zentralasien?*

Erich Gysling: Dieser Raum hat ein grosses wirtschaftliches Potenzial, in Bezug auf Bodenschätze, auch auf Erdgas und Erdöl, aber es ist relativ wenig erschlossen worden. Das hängt zum Teil an geografischen Problemen, zum Teil aber auch daran, dass die Regimes mit dem Reichtum aus diesen Bodenschätzen – aus Erdöl, Erdgas und Mineralprodukten – eine Mafia-Wirtschaft geschaffen haben. Was da gefördert und verkauft wird, kommt in Kassen, die der

Öffentlichkeit verborgen bleiben und von denen die Bevölkerung sehr wenig hat. Am krassesten ist das sicher in Turkmenistan, relativ am transparentesten ist es in Kasachstan. Aber es gilt im Prinzip für alle diese Länder: Sie sind geografisch schwer zugänglich und folgen einem System der Patronage. Die Länder sind diktatoriale Systeme, in denen die Präsidenten selbst ihre Hand auf den Ressourcen des Landes haben.

*Bedeutet dieser Graben zwischen einer kleinen herrschenden Clique und einer nach wie vor armen Bevölkerung nicht ein ungeheures Konfliktpotenzial?*

Natürlich, das Konfliktpotenzial ist gross, und die Regime halten sich durch autoritäres Verhalten, durch Unterdrückung und durch Repression an der Macht. Natürlich gibt es Unterschiede. Nahe an einer – sagen wir mal – «Semidemokratie» ist Kirgistan, das aber durch ethnische Konflikte schwer belastet ist. Am striktesten ist Turkmenistan. Dazwischen haben wir Usbekistan und Kasachstan. Tadschikistan ist durch innere Konflikte paralysiert.

*Welche Rolle spielt denn die Religion?*

Den Islam spürt man in Usbekistan am direktesten, und dort ist ja auch der Fundamentalismus am stärksten. Es gibt Bewegungen, die Usbekistan in eine islamische Republik umwandeln möchten. Der Afghanistan-Konflikt schwappt sozusagen über die verzahnten Grenzen in die Region. Die Mehrheit der Menschen denkt sicher nicht fundamentalistisch, sondern befolgt einen gemässigten Islam. Usbekistan muss auf die verschiedenen islamischen Strömungen mehr Rücksicht nehmen als die Herrscher von Kasachstan oder Turkmenistan. Man erkennt die Treue zu einem traditionalistischen Islam oft an der Kleidung der Frauen: In Usbekistan ist das Kopftuch am meisten verbreitet, in Turkmenistan am wenigsten. Aber auch in Turkmenistan ist der Islam tief verwurzelt – und der Diktator legitimiert sich religiös unter anderem dadurch, dass er viele grosse Moscheen bauen liess und bauen lässt. In denen sieht man allerdings meistens nur wenige Gläubige.

*Es gab blutige Konflikte im Ferganatal. Ist es gelungen, diese zu stabilisieren?*

Nein, dieser Konflikt wird immer wieder aufbrechen. Das hängt, wie so viele Probleme im heutigen Zentralasien, auch mit der willkürlichen Grenzziehung durch Stalin zusammen. Er änderte diese Grenzen ja auch immer wieder, schlug der einen Republik etwas zu und nahm der anderen etwas weg, um lokale Potentaten zufriedenzustellen und um zu verhindern, dass nationale Gruppierungen zu grosse Räume kontrollierten. In diesem Sinne ist die ethnische Überlappung zwischen diesen Ländern das grosse Problem, das uns gleich zum nächsten führt: zum Nationalismus. Er ist der grosse Störfaktor. Die Zusammenarbeit zwischen den Ländern funktioniert so gut wie gar nicht. Zwischen Usbekistan und Turkmenistan: null Zusammenarbeit, grosse Feindschaft. Zwischen Usbekistan und Kasachstan: sehr wenig Kooperation. Würden diese Länder zusammenarbeiten – etwa bei der Wasserzuteilung oder in der industriellen Produktion, dann würden sie relativ gut dastehen. Aber so weit kommt es in nächster Zeit sicher nicht.

*Was spielen die Grossmächte China, Russland und die USA für eine Rolle in diesem Raum?*

Letzen Endes werden – wenn man es ökonomisch betrachtet – die Chinesen die Gewinner sein. Das gilt besonders für Kasachstan, das sich immer mehr nach China orientiert, aber auch für Turkmenistan, das Erdgasleitungen in Richtung China gebaut hat. Kurzfristig spielen auch die USA eine grosse Rolle – sie haben sich ihren Einfluss schlicht gekauft. Nehmen wir das Beispiel von Kirgistan und die Flugbasis bei Bischkek. Die Amerikaner benötigen sie für den

Die US-Airforce haben sich Landerechte in Zentralasien gekauft.
US-Flugzeug auf dem Flughafen Manas bei Bischkek.

Nachschub und den Truppentransport nach Afghanistan. Sie wird intensiv genützt, und die USA werden sie noch stärker benötigen, wenn der Rückzug aus Afghanistan kommt. Auch die Usbeken liessen sich von den USA kaufen. Zwischendurch gingen sie auf Distanz zu Washington, dann einigte man sich wieder auf die Nutzung von Stützpunkten und die Tarife für den Transit von amerikanischem Material. Auch da hängt Vieles mit dem Zeitpunkt des Rückzugs aus Afghanistan zusammen.

Russland ist für diese Region immer noch sehr wichtig, aber die Russen haben sich ja bei der Auflösung der Sowjetunion mental und wirtschaftlich aus diesem Gebiet zurückgezogen. Das ist ein Problem: Die Aufträge aus Moskau fehlen den Industrien. Überall sieht man die stillgelegten Fabriken in Industriewüsten.

Die meisten dieser Länder werden von ehemaligen kommunistischen Funktionären regiert, deren biologische Uhr tickt. Gibt es Nachfolgelösungen, oder wird es zum grossen Chaos kommen?

Die Präsidenten werden versuchen, Familienangehörige in die oberste Position zu hieven. Ob das gelingen wird, ist fraglich. Obwohl: Viele Menschen in diesen Staaten haben eine Tendenz, den sehr verbreiteten Personenkult zu akzeptieren. Was sie aber vor allem möchten, ist die Achtung der Menschenrechte.

*Gibt es Chancen für wirklich demokratische Entwicklungen?*

Nein, wenig. Man staunt immer wieder, was sich die Leute alles gefallen lassen. Am krassesten ist das in Turkmenistan. Null Interesse an Partizipation! Es ist eine winzige Clique, die sich da an der Macht hält, mittels einer gewissen Patronage – gratis Gas, gratis Strom –, und damit erkauft man sich eine gewisse Ruhe im Land. Es ist unklar, wie stark die Opposition tatsächlich ist.

In der Hauptstadt Taschkent protzt das Regime mit pompösen Neubauten.

*Sie haben immer wieder Reisen nach Zentralasien unternommen. Was fasziniert Sie daran?*

Es ist die Hochkultur des Mittelalters und der Zeit der Timuriden. Diese fantastischen Bauwerke! Das ist eigentlich der Hauptgrund, warum ich immer wieder dahin gehe. Es ist aber durchaus auch die Faszination über den Wandel, die Neugierde, wie es weitergehen wird. Und was die Herrscher aus ihren Reichtümern machen. Die neue Hauptstadt Kasachstans, Astana, ist überwältigend – auch überwältigend kitschig, ein Disneyland des Autoritären. Ein architektonischer Höhepunkt steht neben dem anderen. Obwohl sie gar nicht zusammenpassen.

*Wie spüren Sie das sowjetische Erbe?*

Das sowjetische Erbe ist in negativer Art und Weise immer noch vorhanden. Diese Länder wurden gezwungen, die Monokultur Baumwolle anzupflanzen. So lange aus Moskau die Wasserzuteilung geregelt wurde und die Abnahme der Produktion gesichert war, funktionierte das System einigermassen. Später zerfiel es wie die Sowjetunion, und jetzt merken die Länder, dass sie mit dieser starken Ausrichtung auf Baumwolle grosse Probleme haben. Das hängt auch damit zusammen, dass der Wassermangel und die entsprechenden Umweltprobleme immer deutlicher werden. Der Aralsee ist ja weltweit eines der erschreckendsten Beispiele für eine Umweltkatastrophe. Und in Kasachstan ist noch immer ein gewaltiges Gebiet radioaktiv verstrahlt. Als Folge der oberirdischen Atomexplosionen in den Sechzigerjahren und der Raketentests. Es gibt allerdings auch positive Nachwirkungen der Sowjetzeit: ein relativ gutes Bildungssystem auch für Frauen. In den Städten hält sich das Russische bis heute als «lingua franca», das ermöglicht wenigstens sprachlich einen Dialog über die Grenzen.

USBEKISTAN | 163

Die Altstadt von Chiwa ist ein architektonisches Juwel.

## Chiwa

*Die Altstadt von Chiwa gilt zu Recht als einzigartige Perle Usbekistans. Die zahlreichen Minarette, Mausoleen und Moscheen sind von einer Stadtmauer umgeben. Diese, aber auch die Gebäude innerhalb der Mauer, sind ausserordentlich gut erhalten und nach dem Zerfall der Sowjetunion zum Teil sorgfältig restauriert worden. Auch nachts ist es bezaubernd, durch die stillen Gassen dieser orientalischen Oase zu flanieren. Die Altstadt indes ist kaum bewohnt. Sie dient heute vielmehr als Museumsensemble und als Marktplatz für Souvenirs.*

*Ausserordentlich gefreut habe ich mich auch auf meine Wiederbegegnung mit Buchara. Auch hier lässt sich's in einem der Hotels nahe der Altstadt wunderbar verweilen. Ähnlich wie in Chiwa führen auch in Buchara viele kulturelle Zeugnisse bis ins sechste Jahrhundert zurück.*

*Als ich durch die Gassen der Stadt schlendere, versuche ich mir vorzustellen, wie es damals gewesen sein muss, als die Stoffe und Gewürze auf der Seidenstrasse mit Kamelen und Pferden*

Der Töpfer Abdullo Narzullan.　　　　　　Beim Schmied in Buchara.

hierher transportiert und hier gehandelt wurden.

In Buchara ist auch das Kunsthandwerk stark vertreten. Wir besuchen einen Schmied, der in sechster Generation mitten in der Altstadt Messer herstellt. Und einen Töpfer, der etwas ausserhalb der Stadt in einem idyllischen Gebäude mit Innenhof Tongefässe dreht und brennt und dabei ausschliesslich natürliche Rohstoffe aus der Region verarbeitet.

Die Frauen der Familie des Töpfers Abdullo Narzullan widmet sich der Stickerei und empfangen während der touristischen Hauptsaison jede Stunde eine neue Touristengruppe, welche zuerst durch die Ateliers, dann durch das hauseigene Museum und schliesslich in einen grossen Verkaufsraum geführt wird.

Der usbekische Staat, so erfahren wir hier, unterstütze solche Familienbetriebe mit Sonderkrediten und durch Steuerbefreiung. Die Töpfer, Stickerinnen oder Schmiede helfen mit, den für die usbekische Volkswirtschaft wichtigen Tourismus auszubauen.

Samarkand ist das bekannteste Touristenziel in Zentralasien. Meisterwerke aus Seide, Wolle oder Keramik sind auf den Basaren zu erstehen.

*Timur ist der Volksheld der* usbekischen Geschichtsschreibung. Im Westen ist er besser als Tamerlan bekannt, und wegen einer Verletzung am Bein nannte man ihn auch «Timur den Lahmen». Timur wurde 1336 in Samarkand geboren und führte als junger Mann ein Abenteurerleben in den Wüsten. Als blutiger Herrscher und Eroberer versuchte er Ende des 14. Jahrhunderts, das Mongolenreich in Zentralasien wiederherzustellen. Timur machte Samarkand zur Hauptstadt seines Reiches, zog die bedeutendsten islamischen Künstler der Zeit an seinen Hof und schuf grosse Bewässerungsanlagen.

«Teatr Modi» in Buchara: Usbekistans Kulturtourismus blüht.

Im Innenhof der ehemaligen Medrese Nodira Divan Begi in Buchara empfängt uns Irina Scharipowa. Nach dem Zusammenbruch der Sowjetunion anfangs der Neunzigerjahre sei es vielen im Land wirtschaftlich schlecht ergangen. Deshalb habe sie damals zusammen mit befreundeten Schneiderinnen und in Zusammenarbeit mit einer lokalen Musikergruppe ihr Ensemble «Teatr Modi» gegründet. In den warmen Monaten präsentiert das «Teatr» jeweils am Abend in einer einstündigen Show traditionelle und im eigenen Atelier fantasievoll zugeschneiderte Kleiderkreationen. Während Studentinnen mit den weit geschnittenen Roben auf dem breiten Teppich im Innenhof der einstigen Medrese ihre Pirouetten drehen und dabei von einer einheimischen Musiktruppe begleitet werden, lassen sich die Touristen vor den Arkaden des Innenhofs mit usbekischen Köstlichkeiten verwöhnen. Rund 40 Frauen, so versichert uns Scharipowa, könnten sich mit ihrer Arbeit beim Ensemble ein relativ gutes wirtschaftliches Überleben sichern.

Auch der Musikgruppe kämen die farbenfrohen und bewegten Vorführungen entgegen, sagt Scharipowa, Viele Touristen hätten Mühe, die usbekische Volksmusik zu verstehen. Aber in Kombination mit den visuell attraktiven Tanz- und Modevorführungen liessen sich die fremden Kulturstile der usbekischen Textilarbeit und der Musiktradition zu einem auch für ausländische Touristen bekömmlichen Gesamtkunstwerk vereinen.

Hinter den märchenhaften Fassaden leben viele Menschen in ungesicherter Existenz.

# Prekäre Lebensverhältnisse trotz Rohstoffreichtum

Mitten in Samarkand, in der Nähe des Registan-Platzes, gibt es ein Wohnviertel, um das die Stadtregierung eine Mauer, eine Art Sichtblende errichtet hat. Die Bewohner dieses Viertels erreichen ihr Zuhause über ein Tor, das sich kaum im Sichtfeld von Touristen befindet. Diese werden vielmehr von den Reiseführern der weiss getünchten Aussenwand der Mauer entlang geleitet, und nichts weist darauf hin, dass direkt hinter ihr schlimmste Verhältnisse vorherrschen: verlotterte Wohnungen, in denen in den kalten Winterwochen wegen ausbleibender Gaslieferungen nicht geheizt wird. Ähnlich prekär sind die Wohnverhältnisse auch anderswo, beispielsweise in den Aussenquartieren der Hauptstadt Taschkent.

## Die «besonderen Interessen» des Präsidentenclans

Abgesehen von den Rohstoffexporten, deren Erlös vor allem den Bedürfnissen des Präsidentenclans entgegenkommt, harzt es in vielen Bereichen der usbekischen Wirtschaft. Ein Grossteil der Usbekinnen und Usbeken im erwerbsfähigen Alter sind arbeitslos und verarmt. Die meisten Familien leben von Unterstützungsgeldern, die ihnen Verwandte aus dem Ausland zukommen lassen.

Im Land selbst stehen auch ausländische Investoren einer ausgeprägten Behörden- und Justizwillkür gegenüber. Wer in Taschkent ein Geschäft eröffnet, muss damit rechnen, dass sein Betrieb wegen «besonderer Interessen» des Präsidentenclans über Nacht enteignet wird. Wegen der Rechtsunsicherheit sind nur sehr finanzstarke Firmen bereit, in Usbekistan zu investieren. Weniger risikoreich ist es, wenn man mit Usbekistan oder usbekischen Firmen Handel treibt.

Viele Bauten Usbekistans gehören zum Unesco-Weltkulturerbe.

Peter Gysling

## Samarkand

*Samarkand mit seinen vielen Medresen und Moscheen ist die bekannteste Stadt des Landes. Und es ist überwältigend, sich über den zentralen Rigistan-Platz zu bewegen, um sich von den hohen, reich verzierten und fein strukturierten Fassaden der verschiedenen Medresen bezaubern zu lassen.*

## Bescheidene Wirtschaft

*Der Sehenswürdigkeiten sind so viele, dass beinahe vergessen gerät, dass Usbekistan nicht nur von seinem kulturellen Erbe, sondern auch von seiner Industrie und von der Förderung und dem Verkauf seiner Bodenschätze lebt.*

*In Zusammenarbeit mit Südkorea werden Autofabriken betrieben. Landwirtschaftliche Produkte werden zum Teil in Usbekistan selbst zu Konserven weiterverarbeitet und – neben dem Vertrieb auf dem Inlandmarkt – nach Afghanistan, Turkmenistan, Kirgistan, Russland, nach Polen oder Deutschland exportiert.*

## Autoritäres Regime, eingeschränkte Freiheiten

*Vor allem heute wieder, wo wir uns in den Vororten von Samarkand verschiedene Betriebe zeigen lassen, wird deutlich, wie sehr unsere Reiseleiterin von den staatlichen Behörden dirigiert wird und wie sie den staatlichen Kontrollorganen Rechenschaft über unseren Aufenthalt, über unsere Dreharbeiten und Zeitpläne ablegen muss. Immer und immer wieder klingelt Larissas Mobiltelefon. «Ja, alles normal. Nein, das Team will diesen Betriebschef nicht nur interviewen, es möchte auch den Betrieb besichtigen.» Larissa Siltschenko ist es unangenehm, dass wir den Druck, unter dem sie steht, mitbekommen. Wenn wir eine kurze Pause machen, zieht sie nervös an einer Zigarette, oder sie versucht, mit einem Fächer die Hitze von ihrem Gesicht wegzuwedeln.*

*Die Aufpasser sind überall: Eben haben wir in Samarkand den Höchstgeschwindigkeitszug «Afrosiab» bestiegen. Ein etwa 30-jähriger Mann in weissem Hemd beobachtet aufmerksam, wie wir unser Gepäck im Waggon verstauen und wo sich jeder von uns hinsetzt.*

*Die Landschaft unter dem Abendhimmel, an der unser Zug vorbeirauscht, wirkt faszinierend. Als sich unser Kameramann Laurent Stoop erlaubt, durchs Fenster ein paar Bilder der Hügellandschaft zu drehen, warnt ihn Larissa. Das Filmen sei nicht ausdrücklich erlaubt, meint sie, wir liefen unter Umständen Gefahr, dass uns die usbekischen Zöllner bei der Ausreise unser ganzes Videomaterial konfiszierten.*

*Als ich vorübergehend meinen Sitzplatz wechsle und mich neben unsern Produzenten Reto Vetterli setze, höre ich, wie sich der Mann mit weissem Hemd aufgeregt bei Larissa danach erkundigt, wohin ich denn entschwunden sei. Ich sässe bloss zwei Sitzreihen weiter vorne, beruhigt sie ihn. Der Aufpasser, so stellt sich später heraus, ist eigens zu unserer Beobachtung im benachbarten Bahnwaggon von Samarkand nach Taschkent mitgereist.*

Zugfahrt nach Taschkent (links Pascal Nufer, rechts Peter Gysling).

Journalisten haben es in Usbekistan nicht leicht. In den staatlichen Massenmedien kann faktisch über nichts geschrieben werden. Ausschnitte aus dem Interview, das der in Taschkent lebende russische Journalist **Alexei Wolossewitsch** der SRF-Equipe gegeben hat.

Alexei Wolossewitsch im Interview mit Peter Gysling.

# Schlechte Zeiten für die Menschenrechte

*Alexei, wir spüren, dass Journalisten in Usbekistan einen schweren Stand haben. Was genau passiert hier?*

Nun, in den letzten 20 Jahren war es immer mehr oder wenig das Gleiche: Unser Präsident ist seit 1989 an der Macht, und man kann sagen, dass das ganze Land seither von der immer gleichen Gruppe bizarrer Persönlichkeiten regiert wird.

*Was heisst dies für Sie persönlich?*

Besser gebildete Leute versuchen, das Land zu verlassen. So ist es. Alles entwickelt sich schlecht, und viele Experten sagen voraus, dass es hier in etwa zehn Jahren vielleicht ein zweites Afghanistan gibt.

*Und wie arbeiten Sie hier als Journalist?*

Das ist sehr schwierig, weil es für einen unabhängigen Journalisten eigentlich nur drei Möglichkeiten gibt, zu publizieren: Die drei Internetseiten fergana.ru, uznews.net und das britische Kriegs- und Friedensinstitut iwpr.net. Andere europäisch-amerikanische Medien haben wenig Interesse für unsere Region. Sie sind mit Afghanistan und Pakistan beschäftigt, Syrien und Libyen. Dabei wäre eine professionelle Umgebung für einen Journalisten sehr wichtig.

*Wie halten Sie selber die Situation aus?*

Die Arbeit des Journalisten ist hier natürlich interessant. Egal welches Thema man nimmt, es wurde wenig darüber geschrieben. Es ist vielleicht gefährlich hier, aber auch interessant.

*Sie fühlen sich wahrscheinlich nicht frei, oder?*

Hier ist es für Journalisten schwer zu arbeiten. Die Staatsbeamten antworten nie auf die Fragen eines unabhängigen Journalisten. Das heisst, das «offizielle Land» schliesst den Austausch und die Meinungsfreiheit sofort aus. Jede beliebige Information, die der Staat rausgibt, erweist sich in der Regel als lügenhaft. Das passiert nur bei uns.

*Wenn wir auf Ägypten vor einem Jahr schauen: Ist eine solche Revolution denn hier nicht denkbar?*

Die Situation hier wurde schlechter, als die Sowjetunion vor 20 Jahren zerfallen ist. Vorher gab es hier eine grosse Anzahl Betriebe, eine starke Infrastruktur und eine grosse Anzahl gebildeter Fachkräfte. Die meisten Betriebe sind heute geschlossen. Und die Fachkräfte sind weggegangen. Die Leute haben nichts zu tun. Alle gehen nach Russland, arbeiten dort und leben in schrecklichen Verhältnissen. Wenn aber alle weg sind, dann ist auch niemand da, um eine solche Revolution anzuzetteln, wie es der arabische Frühling war.

*Welche Möglichkeiten hat denn die Opposition?*

Die Opposition macht vor allem Lärm im Internet. Mehr Möglichkeiten gibt es nicht. Nun gibt es aber auch eine islamische Opposition, aus der Reihe der IDU – die Islamische Bewegung Usbekistans. Sie heisst jetzt islamische Bewegung Turkestans. Sie sitzen in Pakistan, in den Stammesgebieten. Wenn ich mich nicht irre, im südlichen Wasiristan. Und das ist die reale Opposition. Über sie wird gesagt, dass sie der vereinigte Ausschuss der Taliban seien. Hier werden sie von vielen unterstützt. Im Versteckten natürlich.

*Karimow ist schon mehr als 20 Jahre Präsident. Wie schätzen Sie die Zukunft ein?*

Die Herrschaft Karimows geht zu Ende. Karimow ist jetzt 74 Jahre alt, wenn ich mich nicht irre. Er wird deshalb in der nächsten Zeit von der Bildfläche verschwinden. Karimow hat die Wirtschaft in den totalen Ruin getrieben. Es gibt keine Menschenrechte. Keine Eigentumsrechte. Er hätte Usbekistan zum bestentwickelten Staat von ganz Zentralasien machen können. Aber er machte das Gegenteil. Auf der anderen Seite hat Karimow aber auch gute Seiten. Er hat es in 20 Jahren nicht zugelassen, dass sich Usbekistan in ein zweites Afghanistan verwandelte. Er hat die Islamisten eingeschränkt. Hier gab es Anfang der Neunzigerjahre islamistische Bewegungen, die die Unterstützung Saudi-Arabiens und Pakistans hatten. Karimow hat dies nicht zugelassen. Das ist eine positive Seite. Die zweite positive Seite ist die, dass er kein wilder Nationalist ist. In Usbekistan wird in den Schulen zum Beispiel auf Russisch, Koreanisch oder Kasachisch und in den Sprachen aller Minderheiten Usbekistans unterrichtet. Die einzige Ausnahme ist, dass er die Tadschiken unterdrückt.

*Sie sind ein sehr gebildeter Russe und sehen alle diese Schwierigkeiten. Wie fühlen Sie sich persönlich? Sie könnten ja auch weggehen.*

Wenn ich nicht als Journalist arbeiten würde, sondern zum Beispiel ein Geschäftsmann wäre, hätte ich wahrscheinlich das Land bereits verlassen. Aber als Journalist fühle ich mich verpflichtet zu bleiben. Ein Bekannter von mir hat einmal gesagt: Hier kannst du dich mit niemandem anfreunden. Kaum bist du befreundet, geht der andere weg.

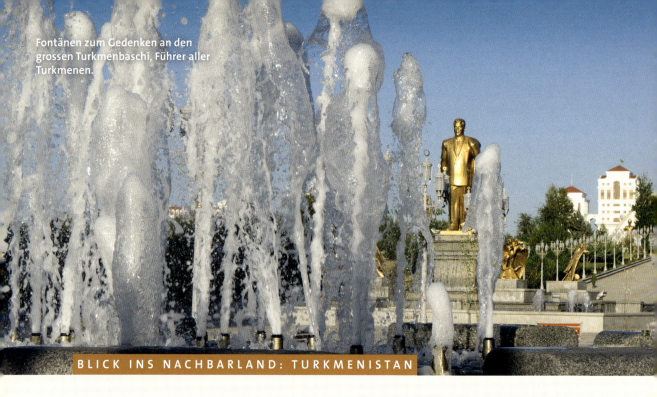

Fontänen zum Gedenken an den grossen Turkmenbaschi, Führer aller Turkmenen.

BLICK INS NACHBARLAND: TURKMENISTAN

## «Demokratie ist, wenn alle kostenlos Gas und Elektrizität haben»

Vor tausend Jahren war Turkmenistan für viele der Mittelpunkt der Erde. An diesem Knotenpunkt der Seidenstrasse trafen Karawanen aus aller Herren Länder zusammen. Turkmenistan – das Land stand für Austausch von Waren und Gedankengut, es galt als Scharnier zwischen Ost und West. Heute zählt Turkmenistan zu den isoliertesten Ländern der Welt. Aufsehen erregt Turkmenistan heute vor allem durch die egomanischen Eskapaden seiner autokratischen Herrscher. Für die SF-Serie bekam Reporter Mitja Rietbrock eines der seltenen Visa für Journalisten. Er machte eine Reise durch ein Land, in dem Absurdität zum Alltag gehört.

Die Stadt ist leer. Bis auf wenige vermummte Frauen, die auf den sechsspurigen Prachtboulevards tapfer gegen den Wüstensand anfegen, ist niemand zu sehen auf dem Weg vom Flughafen ins Hotel. Aschgabat, die Hauptstadt Turkmenistans, wirkt wie ein Experiment, bei dem die Erschaffer im Labor vergessen haben, ihr Werk mit Menschen und Leben zu versehen. Auch das Hotel. 15 Stockwerke, ohne Leben. Immerhin, als ich den Fernseher einschalte, sehe ich Menschen. Der Bericht des turkmenischen Staatsfernsehens zeigt das Ministerkabinett beim Staatsbesuch seines Präsidenten in Litauen. In Reih und Glied stehen die Minister am Fuss der Gangway und beklatschen ihren Präsidenten, der so seinen Auftritt im fremden Land gleich selbst inszeniert.

## Keine Fragen über Politik, keine Fragen über den Präsidenten

Am nächsten Morgen. Glutrot erhebt sich die Sonne über dem Wüstensand, der Aschgabat umgibt. Nach dem Niedergang der Sowjetunion benutzte der selbsternannte Präsident auf Lebenszeit, Saparmurat Niyazov, Milliarden von Öl- und Gasdollars, um sich ein exzentrisches Denkmal auf dem Wüstensand zu erbauen. Er starb 2006, sein Denkmal blieb.

Mein Führer erwartet mich bereits. Eine kurze Begrüssung, dann die Einführung in die Regeln. «Keine Fragen über Politik, keine Fragen über den Präsidenten. Grundsätzlich keine Fragen, die einen negativen Aspekt beinhalten könnten.» Nach dieser Einweisung gehen wir auf Stadttour.

Eine Bitte hat mein Führer: Er möchte ungenannt bleiben. Dafür hat er auf alles eine Antwort. Warum keine Menschen auf den Strassen zu sehen sein, möchte ich wissen. «Alle bei der Arbeit», lautet die schnelle Antwort. «Auch abends?», frage ich. «Alle zu Hause.» Mein Führer grinst.

Die Spuren des verstorbenen Diktators wurden von seinem Nachfolger an den Stadtrand verbannt. Seinem Denkmal, das sich per Motor immer mit dem Stand der Sonne drehte, wurde der Strom abgestellt. Aber in Sachen Exzentrik steht ihm der neue Präsident, sein ehemaliger Zahnarzt, nur wenig nach. Unter anderem erfand er eigens für sich einen neuen Orden, den er sich anschliessend selbst verlieh. Im drittletzten Land der Welt auf der Skala der Pressefreiheit blickt der Präsident jeden Morgen von der Titelseite sämtlicher Zeitungen. Auch auf meine Frage, warum dies so sei, hat mein Führer eine Antwort parat: «Schliesslich trägt der Präsident ja jeden Tag einen anderen Anzug.»

## Applaus für den Präsidenten

Am nächsten Morgen. Auf dem Weg zum Frühstück bekannte Bilder im Fernsehen. Wieder beklatschen die Minister die Ankunft ihres Präsidenten in Litauen. Die gleichen Bilder wie am Tag zuvor.

Für mich steht heute die Besichtigung des staatlichen Reitsportzentrums auf dem Programm. Turkmenistan ist stolz auf seine Pferderasse der Achal-Tekkiner. Und besonders stolz

Breite Strassen, wenig Menschen.

Die Garde der klatschenden Minister.

ist der Vorsitzende des turkmenischen Reitsportverbandes Yusup Annaklychev. Das Reitsportzentrum ist ein Geschenk des Präsidenten an sein Volk – und wie alle Sporteinrichtungen der Hauptstadt von olympischen Ausmassen. Yusup Annaklychev beobachtet das Springtraining der Pferde. «In ein paar Jahren sind wir reif für Olympia!», jubelt er. «Dank der weisen Führung unseres Präsidenten», fügt er schnell hinzu. Er hat Kontakt mit ausländischen Spitzenreitern. Diesen Kontakt liebt er – bis auf die immergleichen Gespräche über Demokratie. «Die sitzen in ihren Sesseln in den USA oder Europa und erzählen mir, wie Demokratie funktionieren soll!», schnaubt er. «Wir haben unsere eigene Form der Demokratie.» Auf meine Nachfrage, welche dies sei, springt sein Helfer ein. «Demokratie ist, wenn alle Bürger kostenlos Gas, Wasser und Elektrizität bekommen.» Der Präsident des Reitsportverbandes nickt bestätigend. Als Belohnung für den Tag gönne ich mir abends im Hotel erneut die Bilder der klatschenden Minister. Sie werden auch am dritten Tag stündlich in Dauerschleife gesendet.

## «Wir leben in einem perfekten Staat»

Die Minister klatschen noch immer, als ich am vierten Tag den Fernseher einschalte. Mit dem Flugzeug geht es heute nach Mary. In der Antike war die Stadt unter dem Namen Merw Knotenpunkt der Seidenstrasse und eine der Hauptstädte der Welt. Für den Touristenführer Elias Djumyev ist das auch heute noch so. Aufgrund der immensen Gasvorkommen sei Turkmenistan heute genauso wie damals noch eine wichtige Supermacht. «Eigentlich leben wir in einem perfekten Staat», sagt er mit Überzeugung. «Der Präsident sorgt sogar dafür, dass wir Computer und Internet haben.» Warum denn viele internationale und kritische Webseiten gesperrt seien, möchte ich wissen. «Das wird sich bald än-

## «Wir haben unsere eigene Form der Demokratie»

dern», ist Elias Djumyev überzeugt. Wenig ändert sich hingegen am Fernsehprogramm. Auch am Abend beklatschen die Minister unvermindert den Auftritt ihres Präsidenten in Litauen.

## Kopf vom T-Shirt getrennt

Um zum Abschluss meines Besuchs das Tourismus-Resort Awaza am Kaspischen Meer besuchen zu können, muss ich mein Visum verlängern lassen. Doch der Beamte am Schalter des Aussenministeriums schiebt mir meine Passfotos umgehend zurück. Die Fotos entsprechen nicht den Vorschriften. Wir brauchen neue Fotos! Mein Führer lächelt und versucht mir die Fahrt zum Fotogeschäft zu versüssen. «Sie werden sehen, was für wunderbare Fotos Sie bekommen werden!», freut er sich im Voraus. Und in der Tat, die Fotos sind besser als das lebende Original. Per Bildbearbeitungs-Software wurde mein Kopf sauber von meinem T-Shirt getrennt und auf die Vorlage eines edlen Anzuges kopiert. Anschliessend bekomme ich per Photoshop noch eine ordentliche Frisur. Mein Führer ist zufrieden. Die Umstehenden auch. Nach einem Blick in ihre Ausweise verstehe ich, wes-

Nach der Bildbearbeitung: Der Reporter mit Krawatte.

Das Turkmenbaschi-Denkmal drehte sich einst nach der Sonne.

«Wir leben in einem perfekten Staat», findet der Reiseleiter.

halb: Sie alle haben auf den offiziellen Fotos den geschniegelten Einheitslook im Vorlagen-Anzug. Auf meine Frage nach dem Warum hat mein Führer erneut eine einleuchtende Antwort parat: «Sieht besser aus!»

## Fenster zur Welt

Das Touristen-Resort Awaza. Ein «Fenster zur Welt» soll der turkmenische Badeort am Kaspischen Meer sein. Der einzige übrigens. Der Präsident hat Milliarden Öl- und Gasdollars in das Projekt gepumpt. Das Ergebnis ist beeindruckend. Dort, wo noch vor fünf Jahren der Wüstensand bis ans Meer reichte, reihen sich heute Luxushotels aneinander. Ein künstlicher Kanal bietet den Touristen Bootstouren à la Parisienne auf einer Art turkmenischen Seine. Mein Führer gerät ins Schwärmen. «Das hier ist die Zukunft Turkmenistans. Bald werden hier Touristen aus der ganzen Welt ihre Ferien verbringen!» Ein nagelneuer Flughafen ist bereits gebaut, doch die Strände und die vielspurigen Prachtboulevards sind ebenso menschenleer wie die Hauptstadt Aschgabat. Mein Führer bleibt zuversichtlich. «Die Touristen kommen noch, ausserdem war es vergangenen Monat viel voller hier», sagt er. Sorgen bereiten ihm vielmehr die Revolutionen des arabischen Frühlings und mögliche negative Auswirkungen auf sein Land. Innerhalb eines Jahres waren in Tunesien, Ägypten und Libyen drei nordafrikanische Despoten von ihrem Volk gestürzt worden. «Hoffentlich passiert uns hier nicht so etwas Schreckliches», sagt er und blickt in den milchigen Himmel. «Das führt zu nichts ausser Unruhe und Zerstörung.»

Fast möchte ich ihn beruhigen. Denn so brav, wie im Fernsehen auch am Tag meiner Abreise die Minister in Dauerschleife ihren Präsidenten beklatschen, scheint mir ein politischer Wandel in weiter Ferne. Zumindest solange, wie die Turkmenen von ihrem Präsidenten weiter kostenlos Gas, Wasser und Elektrizität bekommen…

Mitja Rietbrock

# Kirgistan
## Zarte Pflanze der Demokratie

# Kirgistan in Kürze

| | |
|---|---|
| Hauptstadt: | Bischkek |
| Fläche: | 199 900 km², ca. fünfmal Mal so gross wie die Schweiz |
| Einwohnerzahl: | 5,4 Millionen |
| Staatsform: | Republik |
| Staatsoberhaupt (2012): | Präsident Almasbek Atambajew |
| Amtssprache: | Kirgisisch und Russisch |
| Religion: | Der grosse Teil der Kirgisen sind sunnitische Muslime. Russisch-orthodoxe Christen sowie buddhistische Minderheiten sind ebenfalls vertreten. |
| Höchster Berg: | Dschengisch Tschokusu mit 7439 Metern |
| Flora und Fauna: | 94 % der Landesfläche sind gebirgig; trotz geringer Waldbestände hat das Land die grössten Walnussbestände der Welt. |
| Wirtschaft: | Landwirtschaft ist die Basis, der Dienstleistungssektor nimmt jedoch seit einiger Zeit zu. Das Land besitzt enorme Vorkommen an seltenen Erden und Gold. Trotzdem lebt 40 % der Bevölkerung unter der Armutsgrenze. Es besteht ein wirtschaftliches Gefälle zwischen dem Norden, in dem während der Sowjetzeit städtische Zentren gegründet wurden, und dem Süden. Rund 25 % der Deviseneinnahmen stammen aus Überweisungen von kirgisischen Gastarbeitern im Ausland. |
| Geschichte: | Ab 1219 gehörte Kirgistan zum Reich der Mongolen, wurde im 18. Jahrhundert chinesisch und geriet später unter russische Dominanz, die bis zum Zusammenbruch der Sowjetunion andauerte. |
| Politik: | Das Land ist seit 2010 eine parlamentarische Republik. Insgesamt gibt es über 80 politische Parteien. Bei den Wahlen 2010 zogen fünf davon ins Parlament ein. |

AUS DEM TAGEBUCH VON PETER GYSLING

## Landung in Osch

*Eine Bergsteigergruppe aus Polen, Holländern, Belgiern und Franzosen sitzt mit uns im Flugzeug. Die Alpinisten aus Europa tragen trotz der sommerlichen Hitze auch auf der Flugreise schwere, schneefeste Bergschuhe. Wer mit dem Rucksack, der Hochgebirgs- und Zeltausrüstung mehr als die von der Fluggesellschaft erlaubten 20 Kilogramm auf die Waage bringt, wird wegen des Übergepäcks gnadenlos zur Kasse gebeten. Während drei Wochen wird die Gruppe in den Bergen oberhalb von Osch trainieren, um danach die Besteigung des 7134 Meter hohen Pik Lenin in Angriff zu nehmen. Kirgistan: ein Dorado für Berggänger!*

*Unser Ziel liegt im Tal, genauer im Ferganatal. Dort wollen wir uns mit dem Schicksal der usbekischen Bevölkerungsminderheit in Kirgistan befassen, jener Menschen, die im Juni 2010 aufs Schlimmste drangsaliert und zum Teil vertrieben wurden.*

Rund 90 Prozent der Landesfläche Kirgistans sind gebirgig.

*Die Tochter des Sari Khan, der über* einen Teil des Göktürken-Reichs regierte, machte in Begleitung ihrer 39 Dienstmädchen einen Ausflug zu einem verzauberten Bergsee. Am Ufer des Sees berührten die Mädchen den weissen Schaum, der angespült wurde. Davon wurden sie allesamt schwanger. Der Khan schickte sie in einen Wald, dort sollten sie ihre Kinder gebären. Sie nannten sich fortan «Kirkkyz», die «vierzig Frauen». Von ihnen sollen die Kirgisen abstammen.

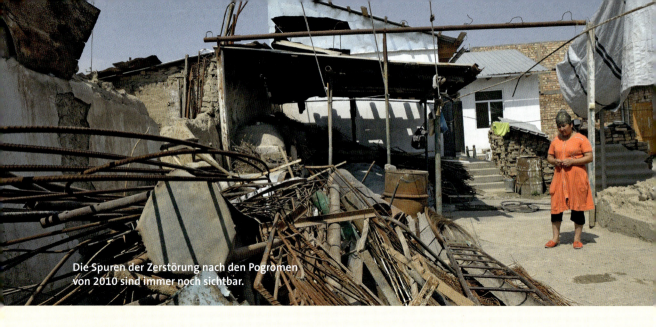

Die Spuren der Zerstörung nach den Pogromen von 2010 sind immer noch sichtbar.

# Geschlossene Grenzen nach Usbekistan

Nach den Pogromen vom Juni 2010 waren manche überlebenden Usbeken für kurze Zeit über die grüne Grenze nach Usbekistan geflüchtet. Dort hatten sie Unterkunft bei Verwandten und Landsleuten finden können. Der usbekische Staat aber hiess sie nicht willkommen. Usbekistans Präsident Islam Karimow waren die vergleichsweise aufgeklärten kirgisischen Usbeken ein Dorn im Auge. Er liess die Vertriebenen zuerst in einem Flüchtlingslager sammeln, schickte sie wieder nach Kirgistan zurück und liess die einst durchlässige Grenze hermetisch schliessen. In Kirgistan wurden die Usbeken zwar von zahlreichen internationalen, aber kaum von landeseigenen Hilfsorganisationen unterstützt.

**Keine Hilfe vom eigenen Land**

Auch die internationale Polizeibeobachtertruppe der Organisation für Sicherheit und Zusammenarbeit in Europa (OSZE) unter der Leitung des Schweizer Diplomaten Markus Müller konnte im Süden Kirgistans kaum richtig Fuss fassen.

Die örtliche, von kirgisischen Beamten dominierte Polizei hat immer wieder und völlig willkürlich Usbeken verhaftet. Der Usbekengemeinschaft blieb meist nichts anderes übrig, als die verhafteten Landsleute freizukaufen. Die kirgisischen Reformpolitiker im Norden des Landes konnten nichts bewirken, um der Ausgrenzung der usbekischen Bevölkerung Einhalt zu gebieten. Auch bei den Parlaments- und Präsidentenwahlen haben sich die selbsterklärten Reformer mit ihren Integrationsplänen auffallend zurückgehalten, um ihre Wahl durch die kirgisische Wählerschaft nicht zu gefährden.

Den Usbeken Kirgistans fehlt derzeit jede politische Lobby. Rosa Otunbajewa, die seinerzeitige Übergangspräsidentin, ist zwar bereit, sich verbal für deren Integration einzusetzen; mit Kritik an der gegenwärtigen Koalitionsregierung aber hält sie sich zurück. Sie weiss, dass auch ihre Parteifreunde nichts für die Minderheit tun können. Dazu fehlt ihnen die entsprechende Mehrheit im neuen Parlament und auch innerhalb der Regierung.

Peter Gysling

## Bedrängte Usbeken

In der Wolgograder Strasse, mitten in einem der typischen Usbekenviertel der 400 000-Einwohnerstadt Osch, hat sich die Situation für die usbekische Bevölkerung auch jetzt, anderthalb Jahre nach den schlimmen Pogromen, nur wenig verändert. Viele Usbeken getrauen sich kaum in die Öffentlichkeit. Arbeitsplätze bleiben ihnen verwehrt, vielen ist ihre Stelle gekündigt worden. Nur die wenigsten der niedergebrannten usbekischen Geschäfte konnten wieder aufgebaut werden. Auch die Zahl der Usbekinnen und Usbeken, die auf dem Markt von Osch Früchte, Gewürze oder Textilien verkaufen, hat sich im Vergleich zu früher massiv verringert.

Die arbeitsfähigen Usbeken Kirgistans gehen jetzt ausserhalb des Landes, meist in Russland oder in Kasachstan, einer Erwerbstätigkeit nach und unterstützen mit Geldüberweisungen ihre in Kirgistan zurückgebliebenen Familienangehörigen. Während ihrer Ferien versuchen viele, beim Wiederaufbau der im Juni 2010 zerstörten Häuser Hand anzulegen.

Auch Ilhomdschon Sadikow hilft während seiner freien Tage, das Anwesen seiner Grossfamilie an der Wolgograder Strasse in Osch wieder aufzubauen. Seine alleinstehende Schwester und die Frauen aus der Nachbarschaft sind ihm dankbar. Die Grundmauern und Dächer der ebenerdigen Hausteile sind bereits notdürftig instand gesetzt. Doch ausser zwei Zimmern, die auch im Winter beheizt werden können, hat sich seit dem Sommer 2010 eher wenig getan. Überall im Hof stapeln sich Baumaterial, Backsteine und Zementsäcke, die vom IKRK und einer dänischen Hilfsorganisation zur Verfügung gestellt worden sind.

Die Kochnische befindet sich nach wie vor im Freien, nur sehr behelfsmässig funktioniert in einer Ecke des Hauses ein Plumpsklo, Wasser holen sich die Bewohner an einem Kaltwasserhahn, der sich neben dem Gartentor befindet,

Das Haus der Sadikows ist nur notdürftig instand gesetzt, gekocht wird im Freien.

Der Usbeke Ilhomdschon Sadikow fühlt sich aus der kirgisischen Gesellschaft ausgeschlossen.

wo die Bewohnerinnen und Bewohner auch ihr Geschirr und die Kleider waschen und sich ihren eigenen Körper reinigen.

Ilhomdschons junge Ehefrau, seine Schwester, die Verwandte Kimsanchan Madrachimowa oder auch die betagte Nachbarin Gachandsa Michmanowa beteuern, dass sie sich im Süden Kirgistans zu Hause fühlten und dass sie hofften, dereinst hier wieder willkommen zu sein. Viel Vertrauen in die Zukunft allerdings hegen sie nicht. Nichts, gar nichts weise darauf hin, dass sie als Bevölkerungsminderheit dereinst wieder ihre einstigen Rechte beanspruchen könnten. Aus der kirgisischen Gesellschaft fühlen sie sich ausgeschlossen.

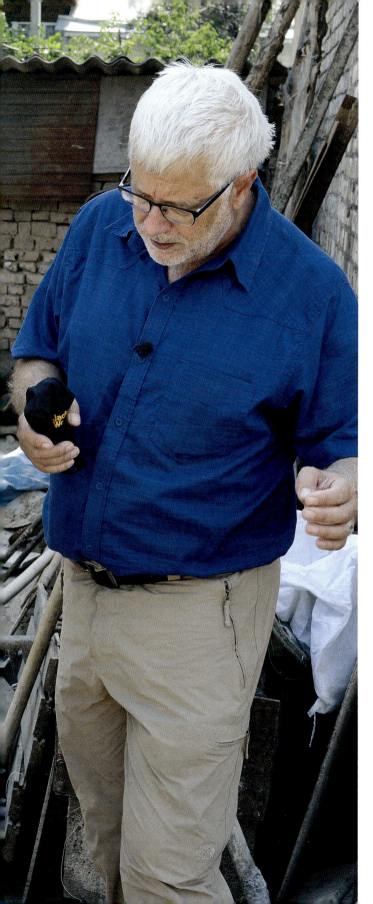

*In der Nacht vom 10. auf den 11. Juni 2010 hatten maskierte und bewaffnete Männer zahlreiche Wohnviertel der Usbeken im Süden Kirgistans umstellt, auf die usbekischen Männer eingeschlagen oder sie zum Teil erschossen, die Häuser geplündert und abgebrannt. Hinter der Tat wird eine radikale Gruppe von Anhängern von Kurmanbek Bakijew vermutet, die den Sturz des autoritären kirgisischen Präsidenten rächen und für politische Unsicherheit im Land sorgen wollten. Unmittelbar nach diesen Pogromen sind im Süden Kirgistans bis zu 400 000 Usbekinnen und Usbeken vorübergehend vertrieben worden.*

## Im usbekischen Gasthaus

*Unsere usbekische Gastfamilie, deren Anwesen bei den Pogromen verschont geblieben ist, bemüht sich, in der kirgisischen Öffentlichkeit kein Aufsehen zu erregen. Wenn Gäste ankommen, wird das hohe Einfahrtstor des Hauses sofort wieder geschlossen. Nichts weist von aussen darauf hin, dass hier an der Oscher Ibrahimstrasse Gäste eine Unterkunft finden können. Wenn vor dem Haus ein Auto zu hören ist, äugt der Familienvater verängstigt durch eine Ritze des Tors.*

*Der Zerfall der UdSSR habe vor 20 Jahren die Situation für die geschäftstüchtigen Usbeken begünstigt, meint unser Gastgeber. Viele Usbeken hätten damals aufgrund der neuen Freiheiten Geschäfte gegründet und ausgebaut. Die traditionell nomadisierenden Kirgisen hätten sich materiell zurückgesetzt gefühlt. Die wenigsten Kirgisen würden die Pogrome vom Juni 2010 offen als gerechtfertigt betrachten. Doch unterschwellig sei die Meinung verbreitet, dass die Usbeken diese Retourkutsche verdient hätten. Als Revanche für ihren wirtschaftlichen Erfolg. Jetzt aber seien nicht nur die meisten Usbeken, sondern aufgrund der schlechten Wirtschaftslage auch viele Kirgisen arbeitslos und gingen deshalb in Russland oder Kasachstan einer Erwerbstätigkeit nach. Er hoffe, dass sich das Verhältnis zwischen Kirgisen und Usbeken bald normalisiere.*

## Bischkek – und ein Besuch auf dem Dordojmarkt

*Jedes Mal, wenn ich in Bischkek, der Hauptstadt Kirgistans ankomme, fühle ich mich ausserordentlich wohl. Im Unterschied etwa zu Usbekistan, wo an jeder Strassenecke ein Polizist lauert und man sich in jeder Parkecke beobachtet fühlt, überkommt mich hier jeweils ein Gefühl der Freiheit. Es ist wohltuend, bei*

Der Dordojmarkt bei Bischkek: Hier wird alles gehandelt, was China zu bieten hat.

*schönem Wetter durch die lange Allee des Erkindik-Boulevards zu flanieren und dabei am Horizont die schneebedeckten Ausläufer des Tien-Shan-Gebirges zu sehen. Fast überall in der Stadt herrscht eine ausgelassene Stimmung.*

*Rund zehn Kilometer ausserhalb von Bischkek ist in den letzten Jahren der grösste Chinamarkt ganz Zentralasiens entstanden. Eine Art Containersiedlung, die sich kilometerweit in alle Himmelsrichtungen ausbreitet. Chinesische Sattelschlepper karren vom Torugart-Pass immer neuen Nachschub heran: T-Shirts, Jeans, Blusen, Socken, Bettwäsche, Mäntel, Pelze, Heimelektronik, Spielzeug, Waschmaschinen … alles, was das Herz eines Konsumenten begehrt. «Made in the United Kingdom» steht da beispielsweise auf der Verpackung eines Haushaltgeräts geschrieben. Sportkleider sind meist mit den Labeln von Adidas oder Nike versehen. Die Verkäufer, in der Mehrzahl Chinesen, sprechen nur gebrochen Russisch. Die Preise ihrer Produkte sind erstaunlich niedrig.*

*Durch die engen Gassen zwischen den Containern karren flinke Arbeiter auf Leiterwagen Nachschub herbei. Es herrscht ein dichtes Gedränge. In einem Viertel des Markts sind in den Containern chinesische Imbiss-*

Der Unternehmer Askar Salymbekow ist aus dem Nichts zum reichen Mann geworden.

buden untergebracht. Der Dordojmarkt ist ein Anziehungspunkt für die kirgisische Bevölkerung, er ist aber auch wirtschaftlich für das Land von grösster Bedeutung.

Der König über das Marktimperium ist der kirgisische Unternehmer Askar Salymbekow. Er empfängt uns in einem Geschäfthaus im Zentrum von Bischkek. Sein Büro ist holzgetäfert, überall stehen Flaggen herum. An einer Wand hängt ein grosses Schwert, und auf einer dunkeln Kommode stehen Fotos, auf denen Salymbekow bei Treffen mit verschiedensten Politikern zu sehen ist.

Er habe den Dordojmarkt unmittelbar nach dem Zusammenbruch der UdSSR eröffnet. Heute seien in der labyrinthartigen 70 Hektar grossen Containersiedlung über 15 000 Verkäufer beschäftigt. Wenn man die Fahrer, das Wachpersonal und all die Leute, welche die Infrastruktur bereitstellen, dazu zähle, komme man sogar auf rund 30 000 Menschen, die hier ein wirtschaftliches Auskommen fänden, meint Salymbekow stolz. Der Markt habe aber auch dafür gesorgt, dass in Kleinbetrieben Kirgistans neue Arbeitsplätze geschaffen werden konnten. Rund 200 000 Kirgisinnen, so Salymbekow, seien heute mit der Produktion kirgisischer Kleider beschäftigt – eine Schilderung, die mich überrascht.

Die meisten Fabriken im Land hätten nach der Auflösung der UdSSR und dem Exodus des russischen Fachpersonals ihre Tore geschlossen. Der Dordojmarkt aber habe die verlorenen Arbeitsplätze zum Teil kompensieren können.

Neben chinesischen Waren würden auf dem Dordojmarkt auch viele Produkte aus der Türkei, dem Iran, aus Indien, Südkorea oder den Arabischen Emiraten umgesetzt.

Salymbekow gibt sich zuversichtlich. Ja, mit der allgegenwärtigen Mafia müsse man sich eben arrangieren. Unter dem kirgisischen Präsidenten Bakijev sei er gezwungen gewesen, Anteile, die er sich an einer Privatbank erworben hatte, zu veräussern. Unter Bakijev habe er viel Geld verloren. Wichtig sei es darum, nach allen Richtungen, auch zur Politik, Verbindungen aufzubauen.

So hat Askar Salymbekow während kurzer Zeit auch mal die Funktion des Bischkeker Bürgermeisters ausgeübt. Er ist zudem der kirgisische Vertreter in der FIFA und Honorarkonsul von Brasilien, eine Funktion, die ihm in Kirgistan offenbar diplomatische Immunität verleiht.

Zu Salymbekows Imperium gehört im Zentrum von Bischkek auch ein grosses Warenhaus und eine Restaurant- und Freizeitanlage in einem Aussenbezirk Bischkeks.

*Die Reformschritte in Kirgistan* unter der Übergangspräsidentin Rosa Otunbajewa gelten in Zentralasien zwar als überaus fortschrittliche Neuerungen, ja als demokratische Revolution. Doch die Stabilität ist noch lange nicht garantiert, weil die neue Zusammensetzung des kirgisischen Parlaments die Fortsetzung dieses Reformkurses auf Dauer nicht garantieren kann. Die kirgisische Regierungsmannschaft setzt sich zum Teil aus Parteivertretern zusammen, welche einzelne Reformen gerne wieder rückgängig machen würden.

**Rosa Otunbajewa** war als Diplomatin bei der Weltbank, sie war mehrmals Aussenministerin Kirgistans und während einer Übergangszeit auch Präsidentin des Landes. Überall, wo sie wirkte, hat sie stets bedeutende Spuren hinterlassen. Rosa Otunbajewa ist in der autokratisch regierten Welt Zentralasiens so etwas wie die demokratische Vorzeige-Politikerin. Peter Gysling hat sie zum Gespräch getroffen.

Rosa Otunbajewa: Kirgistans demokratisches Gewissen.

Nach dem Zerfall der Sowjetunion galt Kirgistan lange als Paradebeispiel für einen geglückten Reformprozess zu demokratischen Verhältnissen. Doch im neuen Jahrtausend wurde das Land von seinen Problemen eingeholt. 2004 musste der langjährige Präsident Akajew abtreten, im Frühjahr 2010 der zweite Präsident, Kurmanbek Bakijew, der vor allem der Korruption und Vetternwirtschaft beschuldigt wurde. Es kam zu Unruhen, die mehrere Tote forderten.

Eine Persönlichkeit blieb auf dieser politischen Achterbahn ihren demokratischen Grundsätzen immer treu: Rosa Otunbajewa (62).

**«Wir begegnen hier direkt der wilden Natur»**

Rosa Otunbajewa ist ein typisches Produkt der sowjetischen Intelligenzia. Sie war Universitätsdozentin, Funktionärin der kommunistischen

Partei und Vorsitzende der sowjetischen Unesco-Kommission. Bereits 1992 war sie zum ersten Mal Aussenministerin Kirgistans. Nach dem Zusammenbruch der Sowjetunion begann sie sich als Demokratin zu profilieren.

«Nach der Perestroika und mit der Aufhebung der Einschränkung der Pressefreiheit haben wir versprochen, uns an die Demokratie zu halten», sagt Rosa Otunbajewa im Gespräch. Das sei den Kirgisen leicht gefallen. Darum nämlich, weil sie gegenüber autoritären Strukturen immer schon misstrauisch gewesen seien. «Wir sind ein ganz besonderer Menschenschlag, der sich immer gewehrt hat gegen übermächtige oder auswärtige Führer.» Das kirgisische Volk habe sich daran gewöhnt, nur auf sich selbst zu hoffen, da es in relativ harten Naturbedingungen lebe, und habe – im Zusammenhalt der Sippen – ein starkes Gefühl für Gemeinschaft und Gerechtigkeit ausgebildet. «So kommt es», sagt die Politikerin, die die Dinge gerne in einem grösseren Kontext betrachtet, «dass unser Volk keinen autoritären Druck aushält.»

## Von der Gesetzlosigkeit zu einer Demokratie

Im Jahr 2010 hatten massive Proteste und blutige Demonstrationen das Land erschüttert. Diese Massenproteste richteten sich gegen den kirgisischen Präsidenten Kurmanbek Bakijew. Es hatte sich herausgestellt, dass er und seine Familie daran waren, das Land vollständig zu plündern. Zusammenstösse zwischen Usbeken und Kirgisen im Ferganatal forderten zudem über 2000 Todesopfer. Das Land drohte auseinanderzubrechen. Nachdem die Proteste den regierenden Präsidenten aus dem Amt gefegt hatten, fand Rosa Otunbajewa ihre historische Rolle. Sie wurde von 2010 bis 2011 zur Übergangspräsidentin. Bis eine neue Verfassung in Kraft kam und Neuwahlen stattfanden.

Heute sagt Otunbajewa: «Wenn ich an diese Zeit zurückdenke und wenn ich die Ereignisse bei uns vergleiche mit dem, was zum Beispiel in manchen arabischen Ländern passiert ist, dann spüre ich eine Erleichterung und auch einen gewissen Stolz. Denn die Ereignisse im Nahen Osten zeigen uns doch, wie schwer solche abrupten Änderungen fallen können.» Rosa Otunbajewa hat eine Übergangsregierung zusammengestellt, eine neue Verfassung ausarbeiten lassen, mit der das autoritäre bisherige Präsidialsystem durch ein parlamentarisches System nach deutschem Vorbild ersetzt wird, und hat im Sommer 2010 die Übergangsregierung, ihre interimistische Funktion als Staatspräsidentin sowie die neuen Grundzüge der Verfassung in einer Volksabstimmung absegnen lassen.

«Alle politischen Bewegungen sind nun adäquat vertreten, auch die Opposition», sagt Otunbajewa.

## Schrittweise Annäherung an die Freiheit

Kirgistan könnte ein Vorbild sein für andere Staaten Zentralasiens, die noch von Autokraten regiert werden. Präsidenten, die geprägt sind durch das Denken der sowjetischen Politik. Otunbajewa glaubt an die Wirkung des kirgisischen Modells: «Ich glaube, die anderen Länder studieren unsere Erfahrungen aufmerksam. Sogar Russland! Allerdings gibt es auch jene, die weiterhin behaupten, nirgendwo in der ehemaligen Sowjetunion hätte die parlamentarische Demokratie zu guten Resultaten geführt.» In der Tat gingen sie einen schweren Weg zu dieser

> «Man sollte die Menschen schrittweise an die Freiheit heranführen und sie dazu ermutigen, ihre Meinung zu sagen»

Peter Gysling im Gespräch mit Rosa Otunbajewa.

heranführen und sie dazu ermutigen, ihre Meinung zu sagen! Denn der Prozess Richtung Freiheit ist nicht aufzuhalten. Das ist für mich die Lehre aus dem, was im Nahen Osten passiert ist.»

## «Es braucht Erziehung, Toleranz, Zeit und Bildung»

Im Ferganatal im Süden Kirgistans kommt es immer wieder zu Konflikten zwischen Kirgisen und Usbeken. Die 800 000 Usbeken bilden in Kirgistan mit seinen 5,4 Millionen Einwohnern eine starke Minderheit. Im fruchtbaren Ferganatal wurden in der Zeit Stalins verschiedene Volksgruppen zusammengewürfelt.

Welche Lösungen sieht Rosa Otunbajewa in diesem ethnischen Konflikt? Sie sagt: «Wir lebten früher alle innerhalb der Sowjetunion, aber jetzt leben wir in Kirgistan, und die 800 000 Usbeken in unserem Land müssen verstehen lernen, dass man hier die Staatssprache sprechen will, das Kirgisische. Andererseits sollten auch die Kirgisen die usbekische Sprache respektieren. Das braucht Erziehung, Toleranz, Zeit, Bildung. Wir müssen neue Lehrbücher verfassen, wir müssen Toleranz und eine weltoffene Kultur entwickeln. Wir selbst müssen das alles erst lernen.» Es gebe bereits Schulen, in denen Kinder in mehreren Sprachen unterrichtet werden, und es gebe viele Integrationsprojekte, durch die verschiedene Volksgruppen miteinander ins Gespräch kommen können. «Ich denke, dass die Politiker in diesem Land eine grosse Verantwortung haben.» Kirgistan hat sich sehr verändert, es ist kein autoritärer Staat mehr. Es ist ein Land, in dem grosse Reformschritte gemacht wurden. «Aber nun geht es darum, diesen manchmal schmerzhaften Prozess der Veränderung weiterzutreiben und vor allem die demokratischen Verhältnisse zu bewahren.»

neuen und offenen Gesellschaft, fährt sie fort. Manche Mitglieder der Opposition würden wichtige parlamentarische Komitees für Finanzen, Staatshaushalt oder Rechtschutz leiten und auf diese Weise eine einmalige demokratische Erfahrung für andere Länder bieten.

Auf die Frage, ob den Staaten Zentralasiens (Usbekistan, Aserbaidschan, Kasachstan) allenfalls ähnliche Revolutionen bevorstünden, wie wir sie in der arabischen Welt verfolgen können, antwortet sie: «Heute unternehmen viele unserer Nachbarn Massnahmen, um ihre Stabilität zu stärken – es existiert schon eine Kontrolle über Internet, Gesetze werden verabschiedet, mit denen Einnahmequellen der NGOs oder Parteien kontrolliert werden können. In meinen Augen sollte es genau umgekehrt sein: Man sollte die Menschen schrittweise an die Freiheit

Christoph Müller

## Besuch bei Rosa Otunbajewa

*Der Empfang bei Rosa Otunbajewa wird, je länger wir mit ihr zusammensitzen, immer herzlicher. Als sie uns am Eingang der Gästevilla auf dem Präsidialgelände begrüsst, hat sie sich noch zurückgehalten und über Unwohlsein geklagt. Aber jetzt, wo unser Gespräch immer mehr in Fluss kommt, taut sie auf. Sie fragt nach. Fragt nach dem ehemaligen Schweizer Staatssekretär Jean-Daniel Gerber, den sie bei den Weltbank-Institutionen in den USA kennengelernt hat, sie fragt nach der Schweizer Botschafterin Heidi Tagliavini, nach dem einstigen DEZA-Chef Walter Fust. All diesen Schweizer Persönlichkeiten fühlt sie sich verbunden.*

*Die einstige kirgisische Übergangspräsidentin hatte mich schon immer beeindruckt. Wo auch immer sie wirkte, hat sie hat stets ihre Spuren hinterlassen. Bei der UNO-Mission in Georgien, als Diplomatin bei der Weltbank, als kirgisische Aussenministerin und dann vor allem als Übergangspräsidentin. Sie hat die Bevölkerung mit der Übernahme des interimistischen Postens auch nicht enttäuscht, ist nicht an der Macht «hängen geblieben» und hat am 31. Dezember 2011 wie versprochen das kirgisische Staatspräsidium ihrem Nachfolger übergeben.*

*Nun steht sie mit goldglänzendem Haar vor uns, in einem langen, schön bestickten Leinenkleid, um den Hals trägt sie kirgisischen Silberschmuck. Und sie gibt sich ausserordentlich bescheiden. Immer wieder lässt sie ihren Humor durchblicken, lacht, fragt zurück.*

*Dass die von ihr angestossenen politischen Reformen in Kirgistan noch gefährdet sind, ist ihr bewusst. Aber sie gibt sich zuversichtlich. Schliesslich, meint Rosa Otunbajewa, seien die Kirgisen ein tapferes Bergvolk, ähnlich wie die Schweizer. Die Kirgisen hätten gelernt, sich durchzusetzen und auch mal unbeirrt ihren eigenen Weg zu gehen.*

Die kirgisischen Hochgebirgsgebiete sind häufig nur mit Pferden erreichbar.

## Mit Pferden unterwegs

*Ein bisschen Respekt habe ich schon, als völlig ungeübter Reiter ein Pferd zu besteigen und über die kirgisischen Pässe Richtung Song-Köl-See loszuziehen. Mein Hengst heisse Sarala, sagt man mir in der Jurte Kyzyl-Kiya, wo wir unsere Pferde übernehmen. Wenn wir laut «brrrh» ruften und gleichzeitig an den Zügeln zögen, würden unsere Pferde still stehen. Zügel nach links bedeute, dass das Pferd nach links gehen solle, Zügel nach rechts lenke es in die Gegenrichtung. Es klingt ganz simpel.*

*Nun ziehen wir ohne weitere Einführung zuerst durch eine wunderschöne, grasbewachsene Ebene los, die Hänge des Chaar-Archa-Passes hinauf. Mein Pferd Sarala kennt die Strecke bestens, daran besteht kein Zweifel. Ab und zu – aber nur ab und zu – leistet Sarala meinen Anweisungen Folge. Als es aber gilt, von der Passhöhe ins nächste Tal in die Ebene von Chaar-Archa hinunter zu steigen, weigert sich Sarala. Ich steige ab, nehme den Hengst am Zügel und gehe notgedrungen zu Fuss.*

*Dieses Wochenend-Trekking mit Pferden geniesse ich ausserordentlich. Kein Auto weit und breit. Kein Wi-Fi-Empfang, kein Computer-Arbeitsplatz. Einfach Zeit und Musse, die faszinierende Landschaft aufzusaugen, mit den Bewohnern der Jurten zu sprechen und ihren*

*Alltag, ihre Arbeit mit den Pferden, den Schafen und Kühen auf dieser Alp auf knapp 3000 Metern zu beobachten.*

*Wie begegnen in dieser Landschaft Wiesen, die mit Edelweiss übersät sind. In den obersten Regionen liegt zum Teil noch Schnee. Ein Naturparadies!*

*Taalaibek Saralajew ist zwar nicht mal 40 Jahre alt. Aber als Familienoberhaupt lässt er sich vor allem von den weiblichen Mitgliedern wie ein Pascha bedienen. Wenn er die Jurte verlässt, legt man ihm seine Überschuhe so vor die Füsse, dass er – ohne sich dabei zu bücken – bequem in sie hineingleiten kann. Seit Generationen verbringt er die Sommer auf der Alp. Für ihn ist es keine Frage, dass dereinst auch seine Kinder und Enkel in seine Fussstapfen treten und ihr Leben im Sommer ganz dem Nomadentum, dem Leben in der Jurte verschreiben. Die sanfte Modernisierung, die auch hier oben spürbar sei, vereinfache vieles, meint er.*

*Es gibt hier einen schwachen Handy-Empfang. Und wenn es Dringendes zu erledigen gilt, ist man mit einem Pferd in wenigen Stunden in einem Dorf im Tal. Auch eine befahrbare Piste befindet sich in der Nähe. Über diese werden im Frühling, wenn die Alp auf Kilemche eingerichtet wird, die Jurten, die Decken, die Hauswirtschaftsgeräte und all das, was man für die Pflege des Viehs benötigt, ins hohe Bergtal transportiert. Nur Helikoptertransporte sind in der Gegend weitgehend unbekannt.*

*Am frühen Morgen, wenn die Sonne ihre ersten Strahlen zu den Jurten schickt, wird gemolken. Ab und zu muss Vieh zusammengetrieben werden. Die Schafe nächtigen in einer Umzäunung; hier sind sie vor Angriffen der Wölfe besser geschützt als auf freiem Feld.*

*Diese Pferdetrekkings mit den organisierten Übernachtungen und der Verpflegung in den Jurten verschaffen den kirgisischen Hirten seit ein paar Jahren ein wichtiges Zusatzverdienst. CBT (Community Based Tourism) nennt sich die Organisation, welche die schweizerische Entwicklungsorganisation Helvetas geschaffen hat und die in Selbstverwaltung von den Kirgisen betrieben wird. Über CBT vertreiben aber auch kirgisische Heimwerkerinnen ohne Zwischenhandel ihre Teppiche, über CBT können einfache Gastunterkünfte bei Privatpersonen gebucht werden.*

## Kurze Fahrt im Lastwagen Richtung China

*Nach dem Pferdetrekking beobachten wir zwischen der kirgisischen Stadt Naryn und dem Torugart-Pass die Lastwagenzüge, die mit ihren Frachten Richtung Bischkek donnern, und stoppen den Fahrer eines kirgisischen Transporters.*

*Ich darf mich für eine kurze Wegstrecke in seine Kabine setzen.*

*Sulejman Muchtmarow ist mit seinem MAN-Lastzug jede Woche auf dieser Strecke unterwegs. Jetzt fährt er ohne Fracht, manchmal aber bringe er Alteisen nach China. Von China dann bringe er tonnenweise Schuhe, Textilien oder technische Artikel bis vor die Tore des Bischkeker Dordojmarkts.*

*Die Strasse ist an manchen Stellen schwer beschädigt. Wenn Sulejman Muchtmarow die Löcher im Strassenbelag umkurvt, kommt nicht nur der Aufleger des Sattelschleppers, sondern auch die Führerkabine arg ins Schwanken. Nein, es sie ihm noch nie zu beschwerlich gewesen, die Bergstrecke über den Torugart-Pass zu fahren, meint Sulejman, immerhin habe er so seit Jahren ein sicheres Einkommen. Dass die Chinesen die Strassenverbindung verbessern, freut ihn. Wenn die Kirgisen derzeit einen gewissen Wohlstand erwarten dürften, so sei dieser vor allem den Chinesen zu verdanken.*

Taalaibek Saralajew mit seinen Enkelkindern.

Nur selten sind die abgelegenen Gebirgsregionen mit Handy erschlossen.

KIRGISTAN | 199

Jurten, die Unterkunft der nomadisierenden Kirgisen.

*«Die kirgisischen Frauen haben* immer die gleichen Arbeiten und Herausforderungen übernommen wie die Männer. Sie sind auf Pferden geritten und haben ihre Kinder beinahe im Sattel zur Welt gebracht. Unsere Frauen sassen nie hinter den Hausmauern versteckt, nie verbarg die kirgisische Frau ihr Gesicht! Und heute tauchen derartige seltsame Erscheinungen immer wieder auf», sagt Rosa Otunbajuwa, die während einer Übergangszeit Präsidentin des Landes war.

## *Die chinesischen Strassenbauer*

*Die Chinesen selbst sind auf diesem kirgisischen Strassenstück omnipräsent.*

Nicht ein kirgisisches Bauunternehmen, sondern ein chinesisches Konsortium hat jüngst von der Asiatischen Entwicklungsbank den Zuschlag erhalten, das Gebirgsstrassenstück vom Torugart-Pass nach Naryn auszubauen und zu erneuern. Rund 500 chinesische Strassenbauarbeiter sind derzeit mitsamt der technischen Ausrüstung, mit Grosslastwagen, Baggern, Betonmischern, Teerkochern und Walzen entlang der ganzen Strecke am Werk. Sie bauen neue Brücken, legen Strassenprofile neu fest, asphaltieren, teeren. An jeder Baustelle sind die grossen gelben Maschinen mit dem chinesischen Emblem zu sehen.

Grosse Teermaschinen rollen hin und her. Chinesinnen, die ihr Gesicht mit Masken schützen, wischen pausenlos übrig gebliebene Teerklumpen weg. Obwohl der frisch geteerte Strassenbelag eine grosse Hitze ausströmt, erlauben sie sich nicht, auch nur mal kurz nach links oder rechts zu schauen. Sie arbeiten wie Roboter.

Ingenieur Iwan Nowikow, der im Auftrag des kirgisischen Staates die Arbeiten überwacht, meint, die Chinesen würden hier zwar etwas besser entlöhnt als in ihrer Heimat, im Vergleich zu einem kirgisischen Strassenbauer aber immer noch äusserst schlecht. Die chinesischen Gastarbeiter würden in äusserst kargen Verhältnissen untergebracht und würden vom Arbeitgeber wie Sklaven gehalten.

Sie arbeiteten zwölf Stunden und mehr pro Tag, zum Teil auch übers Wochenende. So sei es nicht erstaunlich, dass das neue Strassenstück jeden Tag um weitere zwei Kilometer wachse. 2015 werde die ganze Strecke, vom chinesischen Kaschgar über den Torugart-Pass bis nach Bischkek – und später bis ins südkirgisische Osch im Ferganatal – fertig gebaut sein.

Die Chinesen bauen die neue Seidenstrasse.

Die Welt verändert sich durch diese ausgebauten Verkehrswege radikal, doch «die Kirgisen essen derweil Schaschlik und halten sich an ihrem traditionellen Jurtenleben fest», spottet Nowikow. Die Chinesen bauten die Strassen nicht als Geschenk. Der Tag werde kommen, an dem

Das Reitervolk der Kirgisen wird von den chinesischen Lastwagen verdrängt.

Peking von Kirgistan seinen Tribut fordern werde. «Ja, wenn das so weitergeht mit der chinesischen Dominanz in unserer Wirtschaft, werden wir in ein paar Jahren gezwungen sein, ein Gesuch um staatlichen Anschluss an die Volksrepublik China zu stellen.»

Ganz ernst hat der Ingenieur das wohl nicht gemeint. Aber ein Stückchen Wahrheit enthält seine Aussage trotzdem. Denn es sind zurzeit tatsächlich vor allem die Chinesen, die den wirtschaftlichen Fortgang in Kirgistan bestimmen.

*Im Jahr 2015, nach dem Endausbau* der Strasse, die das chinesische Kaschgar mit der kirgisischen Hauptstadt Bischkek verbindet, werden auf der Strecke vor allem Waren von China nach Zentralasien transportiert. In China denkt man zudem über den Bau einer parallel zur Strasse verlaufenden neuen Eisenbahnverbindung nach.

Am Pjandsch, dem Grenzfluss zwischen Afghanistan und Tadschikistan, verläuft die Schmuggel-Grenze.

**BLICK INS NACHBARLAND: TADSCHIKISTAN**

# Die Seidenstrasse als Drogen-Highway

Eine Handelsroute ist die Seidenstrasse auch in Tadschikistan: Rund 100 Tonnen Heroin werden jährlich über die afghanische Grenze nach Tadschikistan geschmuggelt. Und jedes Jahr werden es mehr.

«Christopher, schau, ich besorge uns etwas Fleisch», sagt Polizeioberst Negmat Naimow und befiehlt einem Polizisten: «Gib mir mal die Knarre rüber.» Der Pjandsch, Grenzfluss zwischen Afghanistan und Tadschikistan, fliesst wenige Meter hinter uns und sorgt mit seinem monotonen Rauschen für eine friedliche Stimmung. Auf der anderen Seite des engen Gebirgstals steigen die kargen, trockenen Hänge steil an. Etwas höher, auf einer Art Geländeterrasse, steht ein afghanischer Grenzposten, durchs Kameraobjektiv können wir zwei Grenzwächter erkennen, die zu uns hinunter schauen. Weiter flussabwärts ein afghanisches Dorf, bestehend aus ein paar Hütten aus Lehm und Stein. Auf unserer Seite des Flusses ist Tadschikistan, der Schuroabad-Bezirk. Es weht ein warmer Herbstwind. Oberst Naimow lässt den Tisch für uns decken. Trauben, Tomaten, Gurken und zwei Flaschen tadschikischen Wodkas, der so schlecht ist, dass wir uns gerne zurückhalten. Eigentlich gibt es reichlich Lamm-Schaschlik, im Fett schwimmend, dementsprechend geschmackvoll und – im Gegensatz zum Wodka – ein Genuss. Aber erst jetzt verstehe ich, was Oberst Naimow meinte, als er sagte, er würde noch mehr Fleisch besorgen. Rund 300 Meter von unserem Tisch entfernt, oben am Berghang, grast eine Bergziege. Naimow nimmt die Kalaschnikow, stützt seine Ellbogen auf den Tisch, zielt kurz und schiesst. Eine dünne Staubwolke erscheint über der Ziege. Sie selber grast seelenruhig weiter. Ich bin froh, dass der Oberst schon eine halbe Flasche Wodka intus hat. Willkommen bei den Drogenjägern von Tadschikistan…

## «Ein Gummiboot reicht für den Schmuggel aus»

Schade, dass wir nicht filmen durften. Unser Begleiter des Innenministeriums, ein gläubiger Muslim, der keinen Alkohol trinkt, hatte ausdrücklich verlangt, dass wir die Kamera abstellten, sobald der «gemütliche Teil» begann. Aber eigentlich sind sie hier sehr offen, wenn es darum geht, den tadschikischen Kampf gegen den Drogenverkehr von Afghanistan durch Zentralasien bis nach Russland und Europa zu zeigen. Oberst Naimow hatte uns in seinem Lada-Jeep direkt bis zum Grenzfluss gebracht. Auf holprigen Strassen und durch Grenzdörfer, in denen Kinder am Strassenrand Granatäpfel zum Verkauf anboten. Von der Jagd auf die Drogenschmuggler mochte Naimow nicht allzu viel erzählen. Die Regierung tue inzwischen viel dagegen. Naimow hatte im Winter ein Video anfertigen lassen von einer Razzia hoch oben in den Bergen. Darin ist zu sehen, wie seine Polizisten, die eher aussehen wie Gebirgsrebellen, ein paar Säcke Haschisch beschlagnahmen und angeblich die Schmuggler jagten. Eine Kopie des Videos gab er uns mit. Als wir allerdings auf einem Hügel über dem Pjandsch kurz Halt machten und nochmals ins Tal hinunter schauten, meinte er: «Sehen Sie sich doch den Fluss an. In zwei, drei Minuten haben die Drogenschmuggler diesen überquert. Ein Gummiboot reicht dafür aus. Meisten geschieht das natürlich nachts.»

## Ein lohnendes Geschäft

Rund 1300 Kilometer lang ist die Grenze zwischen Afghanistan und Tadschikistan. Sie reicht weit bis ins hohe Pamir-Gebirge, wo die geografischen und klimatischen Bedingungen die Grenzüberwachung äusserst schwierig machen. Ein harter Job für die rund 8000 Grenzsoldaten, die meist schlecht ausgerüstet und schlecht bezahlt sind. Zudem ist die Arbeit gefährlich; regelmässig soll es zu Schiessereien mit Schmugglerbanden kommen. Nebst den Grenzsoldaten und der Polizei gibt es noch spezielle Drogen-Agenturen und andere Einheiten, die dem Drogentransfer durch das acht Millionen Einwohner zählende Land Tadschikistan ein Ende bereiten sollen. Ein kunterbunter Haufen, hat man das Gefühl, der aber sehr bescheidene Resultate liefert.

Nach Schätzungen der Uno wurden im Jahr 2010 rund 80 Tonnen Heroin und 20 Tonnen Opium über die Grenze Nordafghanistans nach Tadschikistan gebracht, das sind insgesamt über 250 Kilogramm pro Tag, wobei das viele Haschisch nicht eingerechnet ist. Die tadschikische Drogenkontrollagentur ihrerseits hielt fest, dass man im gleichen Jahr rund zwei Tonnen Heroin und Opium beschlagnahmt habe. Einen Bruchteil also und rund 80 Prozent weniger als im Jahr 2001. Und das, obwohl die Drogenproduktion in Afghanistan im gleichen Zeitraum stetig zugenommen hat. Obwohl die internationale Staatengemeinschaft Tadschikistan in den letzten Jahren finanziell und logistisch intensiv unterstützt hat, scheint der Kampf gegen den Drogentransfer auf verlorenem Posten. Einmal über die Grenze, werden die Drogen meist neu verpackt und von der tadschikischen Hauptstadt Duschanbe über die Seidenstrasse weiter nach Kirgistan oder westwärts nach Usbekistan gebracht. Ein kleinerer Teil wird von Flugpassagieren direkt nach Russland geflogen. Die Margen sind riesig. Laut Uno kostet ein Kilogramm

Heroin in Tadschikistan 4000 Dollar; in Moskau sind es bereits 22 000 Dollar.

## Heroin in den Windeln

Dass die Fantasie der Drogendealer keine Grenzen kennt, erfahren wir im Laboratorium der Drogenkontrollagentur in Duschanbe, die direkt dem Präsidenten Emomali Rachmon unterstellt ist. Lidia Kriwtschikowa, eine grossgewachsene, freundliche Chemikerin, hat an diesem Tag viel zu tun. Rund 50 Kilogramm Haschisch liegen auf dem Boden, das meiste in buchgrosse Blöcke gepresst oder langen Strängen, die man hier «Fingerchen» nennt. «Diese Ladung wurde nachts aus den Bergen gebracht», sagt Kriwtschikowa. Die Spurensicherung ist voll im Gang, Spezialisten suchen nach Fingerabdrücken, die Beute wird fotografiert, und Chemikerin Kriwtschikowa stellt fest, aus welchem Material die Ladung genau besteht.

Von einer anderen Beute hat sie nur mehr ein paar Milligramm übrig zur Analyse. Am frühen Morgen brachten Ermittler rund ein Kilogramm Heroin vorbei, das sie im Flughafen in den Erwachsenenwindeln eines Passagiers gefunden hatten. Das sei nichts Ungewöhnliches. Die Chemikerin zeigt uns Mandeln und Trockenfrüchte, die echt aussehen, in Tat und Wahrheit jedoch mit gepresstem Heroin gefüllt sind. Kriwtschikowa sagt, das Heroin aus Afghanistan sei meist von sehr hoher Qualität. «In den letzten 30 Jahren haben die Afghanen viel Erfahrung sammeln können, wie man das Zeug produziert.» Die Drogen werden nicht selten in den Original-Plastikverpackungen beschlagnahmt, auf denen die Logos und Namen der Hersteller zu sehen sind, was quasi für die Qualität garantieren soll. Als wir sie fragen, ob sie denn manchmal das Heroin mit dem Finger probiere, lacht sie laut. «Warum sollte ich, wir sind hier doch bestens ausgerüstet. Mit dem Finger Heroin testen tun nur die Kriminalbeamten in Krimis, ich selbst würde mir das nicht antun.»

## Das Schnüffelteam

Ein bisschen «Krimi» kriegen wir vorgeführt, als wir die Einsatztruppe von Drogenjägern am Stadtrand Duschanbes bei einer Strassenkontrolle filmen. Autos, Camions und grössere Lastwagen werden angehalten, die Papiere werden angeschaut, und dann beginnt die Untersuchung. Hier lernen wir Arina kennen. Bei ihr haben wir nicht die geringsten Zweifel, dass sie den Kampf gegen den Drogenschmuggel ernst und gewissenhaft betreibt. Arina ist eine Hündin, ein grau-schwarzer russischer Spaniel, der auf das Aufspüren von Drogen dressiert ist. Zusammen mit ihrem Herrchen, dem Kynologen Rustam, bildet sie ein Schnüffelteam, das – glaubt man Rustam – schon manchen Heroinfang gemacht hat.

Und doch stösst auch die unbestechliche Drogenhündin nicht selten an ihre Grenzen. Zum Beispiel, wenn das Heroin in grossen Zementsäcken verpackt ist, was häufig vorkommt. Das macht ihr feines Näschen nicht mehr mit. Rustam versichert uns, dass die Verkehrspolizisten bei der Kontrolle der Fahrzeuge keine Ausnahmen machen.

## Mehr Schein als Sein?

Zurück in der präsidialen Drogenkontrollagentur. Der alte Lada, in dem nachts zuvor die 50 Kilogramm Haschisch aufgespürt worden waren, steht noch vor dem Gebäude, an dem in goldenen Lettern zu lesen ist: «The Drug Controll Agency under the President of the Republic of Tajikistan». In einem mehrstöckigen Haus gegenüber sind unter dem Dach schmale Fenster zu sehen. Hinter ihnen sitzen die verdächtigten Schmuggler und warten auf die ersten Befragungen. Reden dürfen wir mit ihnen nicht, die Untersuchungen sind noch am laufen. Ihnen drohen Zuchthausstrafen bis zu über zehn Jahren. Der joviale Stabschef Farchod Sadullojew führt uns über einen Hof. Er zeigt uns unter anderem einen versiegelten Opel, in dem kürzlich ebenfalls Drogen entdeckt wurden. Am meisten beeindrucken uns jedoch mehrere moderne und auf Hochglanz polierte Toyota-Geländewagen. «Nein, die sind nicht konfisziert, das sind unsere Autos. Wir brauchen gute Wagen in unserem Gelände», meint Sadullojew. Und diese Toyota-Limousine dort? «Die gehört unserem Direktor», sagt der Stabschef und fügt an, dass die Mitarbeiter der Drogenkontrollbehörde überdurchschnittlich gut verdienen würden. Im Durchschnitt 250 Dollar pro Monat.

Das Innenministerium zeigt gerne, wie man gegen die Drogenmafia vorgeht. Und der Chemikerin Kriwtschikowa und dem Drogen-Hundeführer Rustam mag man durchaus glauben, dass sie gewissenhaft arbeiten und sich über Erfolge freuen. Aber Oppositionelle in Duschanbe, Mitarbeiter von NGOs und internationale Medienberichte sagen etwas anders. Der Kampf gegen den Drogenschmuggel in Tadschikistan ist mehr Schein als Sein.

## Drogenhandel – Ein Geschäft vor allem für die Grossen

Was auf jeden Fall auffällt: In der Hauptstadt Duschanbe wimmelt es von Luxuslimousinen, und es wird kräftig gebaut – moderne Wohnungen und protzige Villen am Stadtrand. Das überrascht in diesem Agrarstaat, dem ärmsten der ehemaligen Sowjetunion, der eigentlich nur überleben kann, weil rund eine Million Männer regelmässig als Gastarbeiter nach Russland fahren und von dort Geld heimschicken.

Der allgemeine Verdacht, den wir immer wieder zu hören bekommen, lautet, eine korrupte Elite innerhalb Tadschikistans sahne beim Drogentransfer über die ehemalige Seidenstras-

Das konfiszierte Haschisch wird in der Drogenkontrollagentur in Duschanbe genauestens untersucht.

se kräftig ab. Autos mit bestimmten Nummernschildern würden prinzipiell nicht kontrolliert, und die Drogen würden häufig direkt im diplomatischen Gepäck transportiert. Und die Drogenfahnder, die ehrlichen und die weniger ehrlichen? Sie jagen vor allem die kleinen Schmuggler ohne Beziehungsnetz – und schalten damit die Konkurrenz für die Grossen aus. Das scheint sich so eingespielt zu haben, und so richtig etwas daran ändern will offensichtlich niemand. Das Land – heute ein wichtiger Stützpunkt für die Nato-Truppen in Afghanistan – hat noch schlechte Erinnerungen an einen blutigen Bürgerkrieg in den Neunzigerjahren. Das grosse Reinemachen im Drogengeschäft scheint hier niemand zu wollen. Erst im Sommer kam es in der tadschikischen Provinz Gorno-Badachschan zu Kämpfen zwischen Oppositionellen und Regierungstruppen – und dabei soll es nicht zuletzt um den Einfluss im lokalen Drogengeschäft gegangen sein. Die Seidenstrasse durch das Gebirgsland Tadschikistan wird wohl noch eine gute Weile ein Drogen-Highway bleiben.

Christof Franzen

# China
## Im Land der Extreme

# China in Kürze

| | |
|---|---|
| Hauptstadt: | Peking (Beijing) |
| Fläche: | 9,5 Millionen km², ca. so gross wie Europa |
| Einwohnerzahl: | 1,3 Milliarden |
| Staatsform: | Volksrepublik |
| Amtssprache: | Hochchinesisch (Mandarin) |
| Religion: | Verbreitet sind vor allem der Buddhismus, der Daoismus, der Islam sowie in zunehmenden Mass das Christentum. |
| Höchster Berg: | Mount Everest mit 8848 Metern |
| Klima: | Das Klima ist mit 18 verschiedenen Zonen so vielfältig wie die Geografie: Im Westen, Norden und Nordosten herrscht ausgeprägtes Kontinentalklima mit sehr kalten Wintern und heissen Sommern. Im Süden ist das Klima hingegen subtropisch bis tropisch. Tibet hat ein spezielles Hochgebirgsklima. |
| Wirtschaft: | Dank dem rasanten Wachstum seit Beginn der Neunzigerjahre nimmt China in vielen Bereichen nicht nur Spitzenplätze ein, sondern häufig bereits die Führungsposition. China ist die «Werkstatt der Welt» geworden für Konsum- und Industriegüter aller Art. |
| Politik: | China ist ein autoritärer Staat unter der Führung der Kommunistischen Partei Chinas (KPCh). Trotz der Zulassung kleinerer Blockparteien herrscht de facto ein Einparteiensystem, und das sozialistische Wirtschafts- und Staatssystem ist in der Verfassung der Volksrepublik China verankert. |
| Geschichte: | Die frühesten schriftlichen Zeugnisse der chinesischen Kultur reichen über 3500 Jahre zurück. Im Laufe der Zeit haben sich die Han-Chinesen als dominierende Volksgruppe etabliert. Aus einer der ältesten Hochkulturen der Menschheit entstand das chinesische Kaiserreich. Es überdauerte bis 1911. Danach folgten unruhige Jahre und ein Bürgerkrieg, bis mit dem Ende des Zweiten Weltkriegs Mao Zedong die kommunistische Volksrepublik China gründete. Nach Maos Tod 1976 erlebte China unter seinem Nachfolger Deng Xiaoping eine wirtschaftliche Öffnung. |

AUS DEM TAGEBUCH VON PETER GYSLING

## *In der grössten chinesischen Provinz*

Im Nordwesten Chinas kommen wir in eine Landschaft der Extreme: Sie ist beherrscht von der riesigen Taklamakan-Wüste und den hohen Bergen des Tienshan und der Altai-Kette im Norden und dem Altun- und Kunlun-Gebirge im Süden.

Nur an den seitlichen Rändern der Taklamakan-Wüste, in den Oasenstädten zwischen den hohen Bergen, ist die Provinz bewohnbar. Immer wieder wird die Region von Erdbeben heimgesucht.

Wir sind in der autonomen uigurischen Provinz Xinjiang. In den Geschichtsbüchern wird diese Provinz auch als «Ost-Turkestan» oder als «chinesisches Turkestan» bezeichnet. Sie ist mit 1,6 Millionen Quadratkilometern die grösste der chinesischen Provinzen, hat aber – für chinesische Verhältnisse – relativ wenig Einwohner: 20 Millionen.

Hier leben die Uiguren, aber auch Kasachen, Kirgisen oder Tadschiken: alles Muslime. Die chinesische Regierung in Peking bemüht sich, die ethnischen Mehrheitsverhältnisse in der Provinz Xinjiang zu verändern. Gezielt werden

Das Verkaufsgeschäft für Elektromopets in Kashgar ist auf Arabisch und Chinesisch beschriftet.

deshalb Han-Chinesen in der Provinz angesiedelt. Diese «Sinisierung» ist so weit fortgeschritten, dass die Han-Chinesen bald die absolute Mehrheit der Bevölkerung stellen werden.

In den Behörden dirigieren ohnehin fast nur Han-Chinesen das Geschick der Region. Uiguren ohne gute Kenntnisse des Mandarin-Chinesisch haben keine Aussichten auf eine wichtige Staatsstelle. Und es sind viele, die in Xinjiang kein Wort Chinesisch verstehen.

Gewisse Autonomierechte aber gesteht die chinesische Zentralregierung auch den nicht-chinesischen Ethnien zu. Wegweiser und andere Inschriften sind – neben der chinesischen – meist auch in arabischer Schrift angebracht.

Die Uiguren verlieren durch die Ansiedlung von Han-Chinesen die Mehrheit in ihrer Heimat.

Fleischverkauf unter offenem Himmel.

### Kashgar: Knotenpunkt der Seidenstrasse

In Kashgar treffen die Routen der nördlichen Seidenstrassen zusammen. Sie führen aus Pakistan, Tadschikistan oder Kirgistan hierher und weiter in die Zentren Chinas.

Wenn man die Stadt durchquert, so spürt man, wie zwei völlig verschiedene Kulturen aufeinanderprallen. Hier die einfachen Lehmhäuser, Moscheen und Basare der Uiguren, Kasachen und Kirgisen; dort die modernen Geschäfts- und Wohnviertel der Han-Chinesen. Die Uiguren stellen mit Landwirtschaft, Vieh-

wird um- und ausgebaut, überall stehen Baukräne. Die Uiguren, welche in ihren ein- oder zweistöckigen Lehmhäusern leben, werden dabei immer mehr aus ihren Quartieren zurückgedrängt.

Mit Hinweis auf die Einsturzgefahr bei Erdbeben werden sie unsanft dazu angehalten, ihre Häuser nach den Vorschriften der Zentralregierung zu renovieren oder in eine Wohnung in einem der grossen Wohnblocks umzuziehen.

Im Westen Kashgars errichtet die Firma Yuexing Shanghai City auf einem riesigen Areal einen grossen Hotelkomplex und mehrere 30-stöckige Wohn- und Geschäftshochhäuser. Man baue am «Hub der neuen Seidenstrasse», lässt man uns beim Besuch im Baubüro wissen.

Kein Zweifel: China lässt sich nicht bremsen. Die immensen Landreserven am Rand der Taklamakan-Wüste werden angesichts des Bevölkerungswachstums immer mehr genutzt. 600 000 Menschen sollen allein in der Stadt Kashgar neu angesiedelt werden. Damit wird sich die Einwohnerzahl der Stadt innerhalb weniger Jahre verdoppeln! Und die Uiguren werden dann definitiv zu einer Minderheit in der eigenen Heimat.

Die wenigen renovierten uigurischen Gebäude im Stadtzentrum sollen zwar beweisen, dass die chinesische Zentralregierung Rücksicht auf die Ansprüche anderer Ethnien nimmt.

Von dieser Rücksichtnahme aber profitiert nur eine kleine uigurische Minderheit, jene, die über entsprechende Geldmittel und über mentale Kraft verfügt, ihre Behausungen nach den Vorgaben der Behörden zu renovieren. Freiwillig wollen sie nicht weichen. Sie setzen alles daran, ihre Kultur zu bewahren und an ihrer traditionellen Lebensweise festzuhalten. In Kashgar kommt es immer wieder zu Kundgebungen von Uiguren, an denen sie die

zucht, Kleinhandwerk und etwas Handel vor allem ihre Selbstversorgung sicher. Die Han-Chinesen machen die grossen Geschäfte. Sie führen die grossen Hotels und leiten den weiteren Ausbau der Stadt, welcher in rasantem Tempo vor sich geht.

In den Aussenbezirken Kashgars schiessen neue Wohnquartiere aus dem Boden. Kashgar

Viele der islamischen Uiguren fühlen sich von der chinesischen Zentralregierung unterdrückt.

staatliche Eigenständigkeit für ihr Gebiet fordern. Doch die uigurischen Autonomisten werden von der Regierung brutal unterdrückt: «Keine andere Ethnie in China leidet in diesem Ausmass unter staatlicher Repression», schreibt die Gesellschaft für bedrohte Völker.

In ihren Quartieren herrscht orientalisches Treiben. Scherenschleifer, Schneider, Bronzehandwerker, Bäcker, Schlosser … sie alle weiten bei schönem Wetter ihre Ateliers und Verkaufsauslagen vom Innenbereich ihrer Häuser auf die Trottoirs aus.

Metzger zerteilen Schaffleisch auf einer einfachen Holzbank unter offenem Himmel, direkt am Strassenrand. Die Leute, die wir hier antreffen, erinnern uns an unsere Besuche in Usbekistan oder Kirgistan. Im Unterschied zu den zentralasiatischen Ländern

Ein historisches Quartier in Kashgar: vom Abbruch bedroht.

ist die Rolle der muslimischen Frau hier strenger auf die Gebote des Islams ausgerichtet. Die meisten Frauen in Kashgar tragen nicht nur ein Kopftuch, viele begeben sich nur vollverschleiert in die Öffentlichkeit.

Die Uiguren in Xinjiang haben stets zwei Namen: ihren angestammten uigurischen und einen zweiten, einen chinesischen. Der Viehzüchter, den wir zuerst auf seinem kleinen Hof ausserhalb der Stadt getroffen und dann zum grossen Viehmarkt begleitet haben, heisst auf Uigurisch Mohamed Ali, auf Chinesisch Mai Mai Jiang. Er und seine Familie leben vom bescheidenen Ackerbau und von der Schaf- und Ziegenzucht. Wenn die Tiere genügend gross sind, werden sie mit einem kleinen Traktor zum grossen Viehmarkt gefahren. Dort treffen sich jeweils sonntags Tausende von Händlern.

Uigurischer Handwerker in Kashgar.

*Landflucht: Seit Anfang 2012 leben* in China erstmals mehr Leute in Städten als auf dem Land. 675 Millionen Menschen oder 51,5 Prozent der Chinesen leben laut Angaben des Nationalen Statistikamtes heute in urbanen Räumen. 1980 waren nur gerade 20 Prozent. Bis ins Jahr 2020 sollen es 60 Prozent sein. Die Massenumsiedlung ist Teil eines Masterplans der Kommunistischen Partei, der Arbeitsplätze schaffen und die Produktivität der zweitgrössten Volkswirtschaft der Welt steigern soll. Im Vergleich zu anderen Ländern ist Chinas Urbanisierung immer noch relativ bescheiden: In den USA leben 82 Prozent aller Menschen in Städten, in der Schweiz sind es rund 70 Prozent, die in städtischen Agglomerationen leben.

Bauer Pan: «Das Leben hier hat nichts mit dem modernen China zu tun.»

HERR PAN WILL WEG

# Landflucht in China

Feuerrot glühend und übernatürlich gross versinkt die Sonne irgendwo zwischen dem Horizont und einem Wald von qualmenden Fabrikkaminen. Es scheint, als hätte sie den ganzen Tag auf diesen einen kurzen Auftritt gewartet. Nur um zu beweisen, dass das Gerücht wahr ist: Die hässlichsten Industriestädte haben die schönsten Sonnenuntergänge.

Unser Fahrer drückt aufs Gas und überholt in halsbrecherischer Manier zwei schwer beladene Lastwagen. Wir lassen die Hässlichkeit mitsamt dem Sonnenuntergang hinter uns und rasen über eine topmoderne Autobahn in die Nacht hinein, weiter gen Osten. Die Reise führt uns dorthin, wo China noch schön ist: aufs Land. Weitab von chemischen Fabriken, Fliessbandarbeit und modernen Plattenbauten soll es eine Welt geben, die wohl schon zu Maos Zeiten kaum anders ausgesehen hat.

**Ein Leben als Selbstversorger**

Längst ist die Sonne in der düsteren Nacht versunken, im Lichtkegel der Autoscheinwerfer verschwimmt alles zu einer milchigen Nebelsuppe. Seit bald einer Stunde kriechen wir im Schritttempo über eine ausgewaschene Holperstrasse, von deren Belag so gut wie nichts mehr übrig ist. Wir sind an Chinas Peripherie angelangt. Fernab liegen hier die glitzernden Wolkenkratzer von Schanghai oder Peking. Wer in dieser Abgeschiedenheit lebt, kann kaum viel mitbekommen haben von Deng Xiaopings Öffnungspolitik, scheint es mir. Die paar Siedlungen, die wir in der letzten halben Stunde passiert haben, zeugten nicht gerade von Fortschritt. Die Dörfer sind von Landwirtschaft geprägt, und zwar nicht von einer besonders industrialisierten. Hier oben auf 2300 Metern gedeihe nicht mehr viel, erklärt unser Fahrer, während er geschickt seinen Slalomkurs zwischen den Schlaglöchern weiterfährt. «Es reicht gerade noch für Kartoffeln und Raps», sagt er. Doch die Strassen erschweren einen vernünftigen Transport der Güter. Die Menschen, die hier leben, sind fast alle Selbstversorger. Einer der einzigen grossen Arbeitgeber ist der Staat, der hier in dieser Abgelegenheit die angeblich grösste Pferdefarm Asiens betreibt, und genau dorthin sind wir unterwegs.

## Herr Pan schläft

Es riecht nach Kohlefeuer, Hundegebell erstickt im dichten Nebel, und der matschige Boden macht das Gehen zu einer Schlitterpartie. Wir sind endlich auf der Shandan-Pferdefarm angekommen. Es ist bereits nach zehn Uhr nachts, ohne Taschenlampe wären wir aufgeschmissen, denn Strassenbeleuchtung gibt es hier keine. Zu Fuss suchen wir das Haus von Herrn Pan. Wir waren eigentlich um acht Uhr verabredet, doch der Nebel und die miserable Strasse haben unsere Reise um gut zwei Stunden verlängert. «Hier muss es sein», sagt unser Fahrer, der das Haus von Herrn Pan kennt. Mit beiden Fäusten hämmert er auf die dunkelrote Blechtür ein und schreit etwas auf Chinesisch. Ausser Hundegebell aus verschiedenen Richtungen ist nichts zu hören. Nach weiterem Hämmern und Schreien durchdringt endlich eine schrille Frauenstimme die Stille der Nacht, und ächzend öffnet sich auch schon die rostige Metalltür. Im Lichtkegel unserer Taschenlampe erscheint das Gesicht einer alten Frau, es ist Pans Mutter, wie sie sich uns vorstellt. Sie habe auf uns gewartet, Pan schlafe schon, wir sollen doch einfach morgen früh um fünf da drüben bei seinem Haus anklopfen, er wisse ja, dass wir kommen.

## Im Schaum der Seifenoper

Herr Pan wirkt müde, als er uns am nächsten Morgen vor seinem Haus entgegen kommt. Seine drahtige Gestalt und seine dicke Nickelbrille lassen eher einen Schriftsteller oder einen zurückgezogenen Intellektuellen vermuten als einen Bauern auf einer abgelegenen Pferdefarm. Er bittet uns herein in sein Haus, das jetzt in der Morgendämmerung langsam erstmals Konturen annimmt. Das bescheidene Backsteinhäuschen steht etwas abseits des Dorfes, der einzige Zugang führt durch braunen Matsch, der sich als eine Mischung aus Pferdedung und Erde erweist. Knurrend begrüsst uns Herr Pans Hund, als wir das enge Wohnzimmer betreten. Eine Couch, ein Bett, eine Art Salontisch und ein Fernseher ist alles, was in diesem Raum Platz findet. Das sei ihr Leben, sagt Herr Pan fast etwas verlegen: das Haus und sein Pferd, das jetzt noch auf der Weide am grasen sei. Er führt uns in die kleine Küche, wo seine Frau auf dem Kohleherd gerade einen Krug Teewasser zum kochen bringt. Er zeigt uns noch den Abstellraum, der gleichzeitig als Vorratsspeicher, Werkstätte und Hundehaus dient. «Das ist alles, was wir haben, doch auch das gehört uns nicht einmal wirklich», sagt er und bittet uns, Platz zu nehmen für den Tee. Herr Pan ist hier geboren, als Mao Zedongs Wahnsinn gerade in der Kulturrevolution gipfel-

Das einfache Bauernhaus der Familie Pan.

te. Sein Vater hätte damals als junger Bursche auf der Pferdefarm eine Arbeit als Stallknecht gefunden und hier dann seine Mutter kennengelernt, erzählt er uns. Ausser, dass es heute Elektrizität und Mobilfunkempfang gibt, hätte sich seither kaum etwas verändert, erzählt Herr Pan weiter, während er in Gedanken versunken an seiner Tasse Grüntee nippt. Seine Frau setzt sich zu uns. Schweigen macht sich breit, nur das Schlürfen von Herrn Pan ist zu hören, und bevor es unerträglich wird, schaltet Frau Pan den Fernseher ein. Der kitschige Schaum einer chinesischen Seifenoper schwappt in die düstere Stube der Familie Pan.

## Ein Pferd für die Stadt

«Wir wollen weg hier», unterbricht Herr Pan das schrille Gelächter der Seifenoper. Seine Augen füllen sich mit Tränen, als er von ihrem Sohn zu erzählen beginnt. Er wohne nur am Wochenende hier, denn die Schule sei im nächsten Dorf, zu weit weg, um täglich nach Hause zu kommen, erzählt Herr Pan. In der Seifenoper streitet ein junges eingebildetes Mädchen mit seiner Mutter. «Wir wollen in die Stadt, hier gibt es keine Zukunft für uns und unseren Sohn», sagt Herr Pan und ist jetzt wieder gefasst. Der Plan stehe fest. Sie würden ihren einzigen Besitz, ihr Pferd, verkaufen und wohl sobald wie möglich in die Stadt ziehen. «Unser Sohn muss auf eine gute Schule kommen», mischt sich nun erstmals auch Frau Pan ins Gespräch ein. Herr Pan hat keine Ahnung, was er in der Stadt arbeiten soll. «Vielleicht in einer Fabrik oder auf einer Baustelle», sinniert er. Es sei ihm alles recht, wenn er nur von hier wegkomme. Er deutet auf den Fernseher und sagt: «Wir wissen genau, wie das moderne Leben in China heute aussieht – es hat nichts mit dem zu tun, was wir hier haben.» Herr Pan stellt seine Tasse ab, seine Frau schaltet den Fernseher aus. «Es ist Zeit zu gehen», sagt Herr Pan. Er steht auf, setzt seine Mütze auf und weist uns mit einer Handbewegung nach draussen. «Zeit, zu den Pferden zu gehen, erst einmal.» Am Horizont geht langsam die Sonne auf, sie ist genauso rot glühend und ebenso schön wie am Abend zuvor über der Stadt.

Pascal Nufer

## Chinesischer Verkehr

Als äusserst angenehm empfinde ich die flinken Elektroroller, welche man überall in der Stadt sieht und die – abgesehen von der Huperei – kaum zu hören sind. Benzinbetriebene Motorräder oder Roller sind aus den Strassen Kashgars verbannt worden.

Ich miete mir einen solchen Elektroroller und bin erstaunt, wie schnell dieser auf 60, ja bis auf 80 km/h beschleunigt. Noch erstaunlicher ist für mich, wie geschmeidig und flexibel man sich mit einem solchen Untersatz durch den dichten Verkehr schlängeln kann. Sicherheitslinien, das lerne ich bald, zeigen in erster Linie die allgemeine Fahrtrichtung an und werden ansonsten von allen Verkehrsteilnehmern ignoriert. Überholt und eingespurt wird von links und rechts und überall. Wenn ein Fahrzeug ohne Vorwarnung die Spur wechselt – und dies ist dauernd der Fall –, so bleibt einem nur ein Ausweichmanöver. Rotlichter werden respektiert, alle anderen Verkehrsvorschriften aber scheinen kaum beherzigt zu werden.

Und weil sich alle Menschen auf diese anarchische Situation eingerichtet haben, scheint der Verkehrsfluss in den chinesischen Innenstädten auch kaum je Probleme zu bereiten. Alle haben sich mit dem Chaos arrangiert, beobachten die anderen Fahrzeuge permanent, und so fühlt man sich fast schon sicher in dieser institutionalisierten Unsicherheit.

## Fahrt nach Khotan

Die Autobahn, welche die Taklamakan-Wüste im Süden umfährt, präsentiert sich als topmoderne Schnellstrasse. Nur wenn sie sich jeweils einer kleinen Siedlungen nähert, wird man gewahr, dass die chinesischen Dörfer den Anschluss an die Moderne noch nicht geschafft haben.

Den riesigen Sattelschleppern kommen Eselskarren entgegen: dreirädrige Fahrzeuge, vollgepackt mit Melonen oder auch ganzen Baumstämmen. Diese wackligen und überladenen Kleinfahrzeuge drohen im Fahrtwind der grossen Laster beinahe umzukippen.

Peter Gysling auf dem Elektromoped im Stossverkehr von Kashgar.

Denkmal in Khotan: Ein besonders gütig dargestellter Mao schüttelt einem Uiguren die Hand.

Frisch gefärbte Seidenstränge.

### Khotan: Und über allem wacht Mao

*Den Hauptplatz der Stadt Khotan ziert ein Denkmal mit einer Figur des Vorsitzenden Mao, der einem deutlich kleiner geratenen Uiguren die Hand schüttelt. Das Monument soll wohl deutlich machen, wie freundlich die Volksrepublik schon damals die Uiguren in ihrem Kreis willkommen geheissen hat.*

**Buchtipp:**

**Hanne Chen: Kulturschock China und Taiwan**
Reise Know-How Verlag,
9. Aufl., 2012, 276 Seiten,
Fr. 20.90 / Euro 14.90
ISBN 978-3-8317-1075-1

So wird Mao mit diesem Denkmal als gütiger Herrscher dargestellt, der Uigure neben ihm als hilfsbedürftiger Untertane, der dankbar zu seinem Herrn emporschaut. Ich denke mir, dass die Uiguren sich wohl jedes Mal, wenn sie das Denkmal passieren, erniedrigt vorkommen müssen. Denn es macht in seinem politischen Pathos deutlich, wer hier die Macht hat.

Khotan ist seit dem fünften Jahrhundert berühmt für seine Seidenstoffe. Aber auch wegen seiner Jadeschleifereien und des Jadehandels.

In einem sehr ländlichen Dorf ausserhalb der Stadt sind wir einen ganzen Tag lang bei der uigurischen Grossfamilie von Maitituoheti Abudulla zu Besuch. Seit Generationen hat sich die Familie der Seidenweberei verschrieben. Die Abudullas lassen sich die aufgespulten Seidenfäden aus den grossen Raupenzuchten kommen, fügen im eigenen Atelier die Fäden über eine

Chinesischer Tourismus: Sandrutschen in den Dünen von Dunhuang.

spezielle Haspelvorrichtung zu breiten Strängen zusammen, färben diese über einem beheizten Farbband und weben schliesslich die Stränge zu langen Stoffbahnen.

Diese Seidenstoffe mit ovalen Farbmustern sind vor allem bei den Uiguren selbst sehr beliebt; die Frauen tragen Kleider mit diesen Mustern – als Zeichen ihrer ethnischen Zugehörigkeit. Aber auch die Qualität dieser in Heimarbeit gewobenen Stoffe, so sagt man uns, sei sehr viel besser als jene der Seidentücher, die in den grossen Fabriken gewoben werden.

## Schlittenfahrt durch die Wüste

Die Sanddünen, der Mondsichelsee und vor allem die Mogao-Grotten bei Dunhuang gehören zu den schönsten Sehenswürdigkeiten im Gebiet der Taklamakan-Wüste und der Wüste Gobi.

Ein Anziehungspunkt für die schnell wachsende Zahl chinesischer Touristen.

Diese nähern sich mit geführten Kamelritten in Gruppen den Sanddünen, um diese dann zu Fuss in orangefarbenen Überstiefeln über spezielle Holztreppen hochzusteigen, sich oben fotografieren zu lassen und auf einem gemieteten Sandschlitten einen der Hügel hinunterzurutschen.

Viele mieten sich ein vierrädriges Wüstenfahrzeug mit Fahrer und brausen dann in abenteuerlichem Stil durch die «Berge des Singenden Sandes». Etwas teurer ist ein kurzer Flug mit einem Ultraleichtflugzeug.

Wenn man sich wie wir etwas von diesem touristischen Reservat wegbewegt, so kann man sich auf einem Spaziergang über die Dünen von der Stille und den sanft geschwungenen Formen der Sandlandschaft in Bann ziehen lassen.

Bin Wang lebt gut vom Tourismus.

**Bin Wangs** Leben sind die Kamele. Seine fünf Trampeltiere sichern die Einkünfte für die Ernährung einer vierköpfigen Familie. Der Boom des Massentourismus hat seinen Alltag in den letzten zwanzig Jahren bestimmt und verändert: Aus einem einfachen Bauern ist kleiner Geschäftsmann geworden – und ein Kamelliebhaber.

Es ist stockdunkel und frisch, als Bin Wang wie jeden Morgen noch etwas schlaftrunken die paar Meter von seiner Haustüre zum offenen Stall schlurft. Kaugeräusche und ein lautes Schnauben sind aus dem düsteren Verschlag zu vernehmen, wo seine fünf Kamele die Nacht verbracht haben. Er legt einen Schalter um, und eine Laterne bringt etwas Licht ins Dunkel.

### Am Rande des Nichts

Bin Wang ist Kamelführer in Dunhuang, Chinas heute wohl bekanntester Oasenstadt am Rande der Taklamakan-Wüste. Seine Tiere sind sein Kapital, und dementsprechend geht er auch mit ihnen um. Vorsichtig legt er jedem einzelnen das Zaumzeug um und bereitet es vor für einen langen Tag in der Wüste. Jeder Handgriff sitzt, und innert weniger Minuten sind seine fünf Kamele gesattelt und wie eine kleine Karawane aneinandergeknüpft. Die Leitkuh zuvorderst, wie sich das gehört. «Die Kamele waren mein Glück», sagt er, während er das schwere Holzgatter öffnet und der Leitkuh den Weg frei macht. Als junger Mann hatte er den Hof seines Vaters übernommen, ein einfaches Haus im Schatten von Maulbeerbäumen, nur gerade ein paar Hundert Meter entfernt vom Rand der Wüste. Für einen Bauern, der Land bestellen soll, ist das quasi am Abgrund zum Nichts. «Es gibt viel zu wenig fruchtbares Land hier, um eine Familie ernähren zu können.» Die Leitkuh drängt vorwärts, sie kennt den Weg, Bin Wang bleibt nichts anderes übrig, als mitzulaufen. Die Karawane setzt sich in Bewegung, Glöckchen bimmeln im Dunkeln der Nacht. Je näher sie der Wüste kommen, umso mehr Kamele werden es. Ein ganzes Glockenkonzert erklingt. Aus allen Richtungen kommen Zweier-, Dreier- bis Sechsergespanne in leichtem Trab daher. Manche Kameltreiber fahren auf dem Motorrad, andere gehen wie Bin Wang zu Fuss vor ihrem Gespann her. Vorbei an einfachen Häusern führt der Weg direkt in die Wüste. Plötzlich verliert sich der Asphalt im Sand, die letzten Maulbeerbäume wirken schon etwas verkümmert, und am Horizont erheben sich majestätisch hundert Meter hohe Dünen im fahlen Blau der Morgendämmerung.

## Im Schnellzugstempo in die Wüste

Es sind wohl Tausende Kamele, die jetzt hier mit ihren Kamelführern dem Morgenlicht entgegenwuseln. Und man kann Bin Wang nur schwer glauben, wenn er sagt, dass es vor nur 20 Jahren hier gar keine Kamele gab. «Der Tourismus hat auf einen Schlag alles verändert.» Und was Bin Wang hier sagt, gilt wohl für ganz China. Seit die Politik der Öffnung in den Neunzigerjahren einsetzte, wurde vielerorts auch auf den Tourismus gesetzt. Freizeit gab es für die allermeisten Chinesen noch bis vor kurzer Zeit gar nicht. Freizeitangebote für die schnell wachsende Mittelschicht mussten erst geschaffen werden. «Es war mein Glück, dass der Tourismus genau zu der Zeit begann, als ich die paar dürren Felder meines Vaters erbte und damit mein Leben hätte bestreiten sollen», sagt Bin Wang, während er mit seinen Kamelen im Passgang durch die Massen trottet und sich in Position bringt. Trotz Chaos herrscht hier Ordnung. Ein ausgeklügeltes System sorgt dafür, dass jeder Kamelführer gleichberechtigt Touristen zugeteilt bekommt, die er zum Sonnenaufgang auf die Dünen führen kann. Es ist halb sechs, und schon strömen sie in Scharen in den Sand: Tausende Touristen besuchen den Wüstenpark von Dunhuang täglich. Fürs einmalige Wüstenerlebnis greifen die Städter aus Shanghai, Peking oder anderen Millionenmetropolen gerne tief in ihre Taschen. Der erst vor Kurzem eröffnete neue Flughafen hat die Oasenstadt plötzlich in Reichweite gebracht, und schon in Kürze wird auch ein Hochgeschwindigkeitszug entlang der Route der historischen Seidenstrasse brausen und noch mehr Touristen nach Dunhuang bringen, wie Bin Wang mit Freude erzählt.

## Der Sonne entgegen

Er muss los, ein Parkmitarbeiter drückt ihm eine Art Quittung in die Hand, und schon stapfen auf etwas unsicheren Beinen fünf chinesische Touristen auf ihn zu. Sie tragen knallig orangefarbene Gamaschen, um die feinen Sandkörner von ihren wohl ebenso feinen Schuhen fernzuhalten. Bin Wangs Kamele sitzen nun alle in einer Reihe im Sand, auf seine Anweisung hin klettern die Touristen in die Sättel, die einen etwas mutiger, andere mit offensichtlich grossem Respekt vor den fremdartigen Tieren. Bin Wangs Tag kann beginnen. Wenn er Glück hat, kann er pro Tag drei bis vier Touristengruppen über die Dünen führen. «Ich verdiene damit viel mehr, als ich es mit dem Bestellen der trockenen Felder tun würde.» Genaue Zahlen will er nicht verraten. Er sei zufrieden für den Moment, sagt er, hofft aber, dass seine Kinder dereinst einen anderen Beruf erlernen werden. «Meine Tochter studiert Lehrerin, die braucht es auch dann, wenn einmal die Touristen nicht mehr kommen», sagt er mit einem Schmunzeln und setzt seine Karawane in Bewegung, während sich der Horizont bereits langsam orange färbt. «Jetzt muss ich los, den Sonnenaufgang dürfen wir nicht verpassen, denn dafür zahlen die Touristen hier ja schliesslich!»

Pascal Nufer

In den Sanddünen von Dunhuang schleppt ein Arbeiter Holzschlitten in die Höhe, auf denen Touristen den Hang hinunterfahren.

Peter Gysling auf den Mauern der Grotte von Jia-Huang Chiang bei Dunhuang.

Peter Gysling im Interview mit Jia-Huang Chiang.

## Die Grotten: Gestern und heute

Nördlich der Stadt Dunhuang befinden sich die Mogao-Grotten. Ein Mönch soll dort im 4. Jahrhundert eine erste Grotte in den Hang des ausgetrockneten Flussbetts gegraben haben. Bis zum 13. Jahrhundert, so heisst es, seien weitere buddhistische Mönche seinem Beispiel gefolgt.

Die Wände der Grotten sind mit wunderschönen Wandmalereien verziert, die Aufschluss über das damalige Leben geben.

Von den ursprünglich geschätzten 1000 Grotten konnte in den letzten Jahren rund die Hälfte wieder zugänglich gemacht werden.

Wir haben uns für unsere Filmarbeiten allerdings auf eine andere, sehr spezielle Grottenanlage konzentriert. Auf ein Höhlensystem, welches der chinesische Künstler Jia-Huang Chang im Süden von Dunhuang in die ausgetrockneten Uferwände des ausgetrockneten Dang-Flussbetts gebaut hat.

Der Künstler ist der Sohn des früheren Konservators der Mogao-Grotten. Und die Idee, hier eine moderne Version der Höhlenmalerei entstehen zu lassen, geht auf seinen Vater zurück.

Mit Unterstützung eines japanischen Mönchs lässt Chang hier Buddhas malen, in seinen neuen Grotten bietet er aber auch zeitgenössischen Künstlerinnen und Künstlern ein Experimentierfeld an. Jia-Huang Chang hat sich für sein Projekt gegen eine vergleichsweise bescheidene Miete ein Areal von 30 000 Quadrat-

Restaurationsarbeiten an der Chinesischen Mauer bei Jiayuguan.

metern gesichert. Zusammen mit andern Enthusiasten baut und malt er hier im Untergrund. An einem Gesamtkunstwerk, das als grosser Wurf begann, in den vergangenen Jahren aber etwas ins Stocken geraten ist.

### Jiayuguan: An der Chinesischen Mauer

Vor dieser Stadt liegt die berühmte Festung aus dem 14. Jahrhundert, welche seinerzeit das chinesische Kaiserreich vor Übergriffen aus dem «westlichen Barbarengebiet» geschützt hat. Unweit dieser Burg gibt es zwei Freilichtmuseen, welche Besuchern die Chinesische Mauer näherbringen.

Wir besuchen die sogenannte Hängende Mauer, ein Mauerstück, das der Konservator Yongfu Yang restauriert und betreibt. Über zahlreiche Stufen führt die schmale Maueranlage einer Krete entlang zu einem Beobachtungsturm auf einem Hügel, von dem aus man die umliegende Gegend überblickt, die Stadt Jiayuguan und weite Teile der Wüste Gobi.

Die Chinesische Mauer, die heute nur noch in Teilen vorhanden ist, gilt als das grösste Bauwerk der Welt. Sie erstreckte sich ursprünglich über eine Gesamtlänge von knapp 9000 Kilometern.

Es geht mir nicht anders als den meisten Besuchern. Angesichts dieses gigantischen Baus wird mir bewusst, welche Macht dieses Land schon immer war – und wieder wird!

Das Pferdehufkloster wird von tibetischen Mönchen betrieben.

### Zhangye: Unter tibetischen Mönchen

In den Bergen bei Zhangye besuchen wir das Pferdehufkloster. Es verfügt einerseits über Grotten, die in einer steilen Felswand über mehrere Stockwerke miteinander verbunden sind, aber auch über einen freistehenden pagodenartigen Tempel.

Es wird von tibetischen Mönchen betrieben. Die Umgebung des Klosters bildet eine halbautonome Region.

Frühmorgens blasen die Mönche in purpurroten Gewändern vor dem Tempel auf ihren tönernen Instrumenten und begeben sich dann gemeinsam in den Innenraum um zu beten.
Das Pferdehufkloster bei Zhangye dient einerseits dem Tourismusgeschäft. Andererseits, will die Regierung wohl zeigen, dass man die – im Übrigen politisch kaum aktiven – tibetischen Mönche frei gewähren lässt. Was wiederum beweisen soll, dass sich das chinesische Regime mit tibetischen Geistlichen nicht grundsätzlich schwer tut…

## *Lanzhou: Die Drill-Schule*

Die Stadt Lanzhou erreichen wir nach einer mehrstündigen nächtlichen Bahnfahrt. Hier interessiert uns vor allem das chinesische Bildungssystem. Der Drill und Stress, dem chinesische Schülerinnen und Schüler ausgesetzt sind.

Wir begleiten die 16-jährige Gymnasiastin Ma Qianru in eine Privatschule, in der sich Oberstufenschüler in ihrer Freizeit auf den Übertritt an die Hochschulen vorbereiten lassen. Ma ist eine gute Schülerin. Das reicht aber, wenn man Erfolg haben will, nicht aus. Eltern, die es sich irgendwie leisten können, unternehmen deshalb alles, was die schulischen Leistungen ihrer Kinder verbessert.

«Unser grösste Feind sind wir selbst, wir müssen lernen, stark zu sein und auch unter Druck unsere Würde zu bewahren.» Diese Losung hängt an einer Schulzimmerwand in der New Oriental School.

Mir wird hier deutlich, wie weit das chinesische Bildungssystem von unserer «Wohlfühlgesellschaft» entfernt ist. Die Konkurrenz an den Schulen ist gnadenlos. Und hinter den Schülern stehen die Eltern, die alles tun, damit ihre Kinder die Schule erfolgreich abschliessen und in eine der besseren Universitäten wechseln können.

An jenen Tagen, in denen in ganz China die Aufnahmeprüfungen stattfinden, sind oft ganze Familien unterwegs, die die Prüflinge rund um die Uhr betreuen.

Freizeit muss für die Schüler in China fast immer zurückstehen. Nur ab und zu trifft sich die 16-jährige Ma Qianru mit ihrer Freundin zum Pingpong. Nach einer Stunde wird sie bereits wieder von ihren Eltern abgeholt – zum Weiterstudium, versteht sich!

**Buchtipp:**

Amy Chua: Mutter des Erfolgs.
Wie ich meinen Kindern das Siegen beibrachte
Verlag Nagel & Kimche, 2011,
256 Seiten,
Fr. 27.90 / Euro 19.90
ISBN 978-3-312-00470-6

Peter Gysling im Gespräch mit Schülern.

Die legendäre Terrakotta-Armee (Halle 1) bei Xian.

## Xian: Am Ziel der Reise

In der Industrie- und Universitätsstadt Xian befinden wir uns bereits im Osten des Landes. Die einstige Hauptstadt der chinesischen Qin-Kaiser hat so viel zu bieten, dass Xian allein eine Chinareise rechtfertigen würde.

Wir besichtigen in einem Vorort der Stadt die legendäre Grabstätte des Kaisers Qin Shihuangdi, der sich zu Lebzeiten ein gigantisches Mausoleum erbauen liess. Seit der Wiederentdeckung des Grabes ist es den Archäologen gelungen, Tausende von tönernen, lebensgrossen Soldaten, Pferden und andere Tonfiguren freizulegen.

Die Stadt Xian eignet sich auch ausgezeichnet, um den Alltag der Chinesen zu beobachten. Wir tun dies beispielsweise mit der Beobachtung des morgendlichen Frühturnens, dem sich Tausende in den Pärken der Stadt widmen. Es herrscht eine Stimmung gelassener Konzentration. Eine seltsame Ruhe und so etwas wie eine fröhliche Ernsthaftigkeit.

Zu unserem Blick auf den chinesischen Alltag gehört auch der Heiratsmarkt. Ähnlich wie in anderen chinesischen Städten begeben sich jeweils am Sonntag Mütter oder Väter in eine der Parkanlagen und hängen kleine fotokopierte Annoncen an die Äste der Bäume. Auf den Zetteln sind ihre Söhne und Töchter beschrieben, und die Eltern geben bereitwillig Auskunft über die Vorzüge ihres Nachwuchses.

Glücklich und voller Eindrücke beschliessen wir unsere Reise in Xian – der Trip von Venedig über die Türkei, den Kaukasus, die zentralasiatischen Republiken bis in die einstige chinesische Kaiserhauptstadt hat uns in vielen Belangen nicht nur die Augen, sondern auch die Herzen geöffnet.

Wir haben eine Welt gesehen, die im Umbruch ist. Eine Welt, die sich zum Guten verändert wie zum Schlechten und von der nur eines sicher ist: Sie wird nie mehr so sein, wie sie war.

In einer Parkanlage von Xian: Eine betagte Mutter studiert die Heiratsannoncen.

Die 36 Strategeme gehören in China zum Schulstoff.

CHINESISCHE WEISHEITEN ZUR LEBENSBEWÄLTIGUNG

# 36 Strategeme

Die 36 Strategeme sind die wichtigste Sammlung von in China gebräuchlichen List-Techniken, zusammengestellt aus historischen Ereignissen, militärischen Episoden und Volksliteratur, in denen Schläue zum Sieg über meist stärkere Gegner verhalf. Die wertfreien kurzen Umschreibungen bieten die Möglichkeit, auf aussergewöhnliche Weise sein Ziel zu erreichen.

Zur Veranschaulichung sei ein Beispiel angeführt: General Tian Ji trat in einem Pferderennen gegen das Königshaus an. Der Wettbewerb bestand aus drei Ritten mit drei verschiedenen Pferden. Beide Seiten wussten voneinander, dass ihnen gute, mittlere und schlechte Pferde zur Verfügung standen. Tian Ji verlor so lange, bis er dem Tipp seines Beraters Sun Bin folgte, der ihm Strategem Nr. 11 empfahl: «Der Pflaumenbaum verdorrt anstelle des Pfirsichbaums». Tian Ji setzte also sein schlechtes Pferd gegen ein gutes Pferd des Königs, sein gutes gegen ein mittleres, und sein mittleres gegen ein schlechtes. Dadurch erbrachte er das Opfer einer Niederlage (Pflaumenbaum), errang aber zwei Siege und damit den Gesamtgewinn (Pfirsichbaum).

Bei diesen schlauen Problemlösungen wird zuweilen Täuschung eingesetzt, aber nicht zwingend und nicht immer. In einem Umfeld von asymmetrischer Information, divergierenden Zielen und unterschiedlichen Machtpositionen schaffen wir uns dank der Kenntnis von Strategemen eigene Innovations- und Handlungsvorteile, indem wir unsere Kreativität und die unkonventionelle Denkweise fördern. In China gehören die Strategeme zum Schulstoff jedes Mittelschülers…

## Ethik bei gegensätzlichen Absichten

Der Schweizer Sinologe Harro von Senger entdeckte die Strategeme im Reich der Mitte und führte sie im Westen als «Sammlung von Listtechniken» ein. Auch die westliche Kultur kennt List, aus Literatur und Volksmund, aber keine Sammlung von Listtechniken, daher auch keine systematische Listkenntnis. Im Westen wird die List eher ethisch-moralisch betrachtet, die Methode an sich gewertet, «der Zweck heiligt die Mittel» gilt als politisch unkorrekt. Ethik funktioniert aber nur unter Gleichgesinnten, und nicht bei gegensätzlichen Absichten.

Die Chinesen hingegen unterziehen das konkrete Ziel einer ethischen Beurteilung. Für sie sind Moral und Ethik nicht allgemeingültige abstrakte Prinzipien, sondern stehen immer im Zusammenhang mit konkreten Situationen und persönlichen Beziehungen, die wichtiger sind als z.B. Firmenloyalität. Deshalb wird konkret, pragmatisch und – aus westlicher Sicht – opportunistisch

**Die 36 Strategeme**

1. Den Himmel/Kaiser täuschend das Meer überqueren
2. Wei belagern, um Zhao zu retten
3. Mit dem Messer eines anderen töten
4. Ausgeruht den erschöpften Feind erwarten
5. Eine Feuersbrunst für einen Raub ausnützen
6. Im Osten lärmen, im Westen angreifen
7. Aus einem Nichts etwas erzeugen
8. Sichtbar die Holzstege instand setzen, insgeheim nach Chencang marschieren
9. Die Feuersbrunst am gegenüberliegenden Ufer beobachten
10. Hinter dem Lächeln den Dolch verbergen
11. Der Pflaumenbaum verdorrt anstelle des Pfirsichbaums
12. Mit leichter Hand das Schaf hinwegführen
13. Auf das Gras schlagen, um die Schlangen aufzuscheuchen
14. Für die Rückkehr der Seele einen Leichnam ausleihen
15. Den Tiger vom Berg in die Ebene locken
16. Will man etwas fangen, muss man es zunächst loslassen
17. Einen Backstein hinwerfen, um einen Jadestein zu erlangen
18. Will man eine Räuberbande unschädlich machen, muss man deren Anführer fangen
19. Unter dem Kessel das Brennholz wegziehen
20. Das Wasser trüben, um die Fische zu fangen
21. Die Zikade entschlüpft ihrer goldglänzenden Hülle
22. Die Türe schliessen und den Dieb fangen
23. Sich mit einem fernen Feind verbünden, um einen nahen Feind anzugreifen
24. Einen Weg für einen Angriff gegen Guo ausleihen
25. Die Tragbalken stehlen und die Stützpfosten austauschen
26. Die Akazie scheltend auf den Maulbeerbaum zeigen
27. Verrücktheit mimen, ohne das Gleichgewicht zu verlieren
28. Auf das Dach locken, um dann die Leiter wegzuziehen
29. Einen Baum mit Blumen schmücken
30. Die Rolle des Gastes in die des Gastgebers umkehren
31. Das Strategem der schönen Frau
32. Das Strategem der leeren Stadt
33. Das Strategem des Zwietrachtsäens/Strategem der Geheimagenten
34. Das Strategem des leidenden Fleisches
35. Die Strategem-Verkettung
36. Weglaufen ist das beste

Quelle: Harro von Senger. Die Kunst der List. München, Beck 2001.

vorgegangen. Chinesen betrachten internationale und unverständliche Vorgänge mit Vorliebe unter strategemischen Gesichtspunkten.

## Rücken zudrehen und davonlaufen

Wer kennt nicht das trojanische Pferd aus der griechischen Mythologie? Bei einem Chinesen klingelt es da sofort – Strategem Nr. 17: Ein kleines Geschenk führt zu einem grossen Gewinn! Die Chinesen bauen Strassen im Kongo und erhalten dafür Zugriff auf die Bodenschätze des afrikanischen Landes.

Entlang der Seidenstrasse empfiehlt sich bei aufdringlichen Verkäufern, die mit dem Preis nicht runtergehen, den Rücken zuzudrehen und davonzulaufen. Mit ziemlicher grosser Sicherheit wird er einem nachrennen und den Preis senken (Nr. 16).

Reto Vetterli

***Gemäss der chinesischen Mythologie*** *war Pangu das erste Lebewesen auf der Erde. Vor der Existenz der Welt gab es nur eine eiförmige Urmasse und das kosmische Prinzip des Yin und Yang, zwei Pole, die sowohl Ursprung als auch Wesen aller Dinge sind. Aus Yin und Yang entstand Pangu. Er trennte den Himmel von der Erde. Nach seinem Tod bildete sein Körper das Universum: Aus seinem linken Auge wurde die Sonne, aus dem rechten der Mond. Seine Haare verwandelten sich in Sterne, und sein restlicher Körper bildete die Erde.*

Reto Vetterli, der Cowboy der DOK-Serie «Seidenstrasse».

DER PRODUZENT DER DOK-SERIE «SEIDENSTRASSE»

# Gesucht: Ein Alleskönner

Die Fernsehzuschauer kennen die Moderatoren und die Reporter. Aber kaum jemand kennt die wichtigste Person einer Fernsehserie wie die «Seidenstrasse»: den Produzenten. Bei ihm laufen alle Fäden zusammen, er begleitet die Produktion von der ersten Idee bis zur Schlusskontrolle. Reto Vetterli, der Produzent der SF-Serie «Seidenstrasse», berichtet über seine Arbeit.

Geschichten finden und entwickeln, ein Gesamtkonzept festlegen, Drehpläne erstellen, für Transport und Unterkünfte sorgen, Schnitt und Vertonung vorbereiten, Pressearbeit und Internetauftritt organisieren und natürlich das Budget einhalten: Das alles muss der Produzent können. Ein Ding der Unmöglichkeit!

Mir helfen die sechs grossen Ps: *Proper Planning & Preparation Prevents Poor Performance*.

Der Produzent hat also kurz gesagt eine zentrale Aufgabe, nämlich günstige Voraussetzungen zu schaffen für eine erfolgreiche Reise.

Das gelingt ihm nur im Team. Im Falle der «Seidenstrasse» waren dies: die Produktionsassistentin Franziska Wellinger, Kameramann Laurent Stoop, die Reporter Andrea Vetsch, Helen Stehli Pfister, Pascal Nufer, Mitja Rietbrock, Christof Franzen und eine ganze Reihe von sogenannten local managers. Journalisten aus den bereisten Ländern, die vor Ort Storys suchen, Dreharbeiten vorbereiten, Recherchen durchführen. Und laste but not least: unseren Sonderkorrespondenten Peter Gysling.

## Die Realität en route

Gewappnet mit den sechs P-Unterlagen, beginnen wir vor Ort die Übung in freier und flexibler Führung und handeln nach dem weisen Motto: *Never ask for permission, always ask for forgive-*

*ness*. Wie das Wasser suchen wir bei Hindernissen einen neuen Weg, mit einer Mischung aus eidgenössischer Ehre, schweizerischer Schlitzohrigkeit und souveräner Selbstironie.

Mit reinem Bierernst kommt keiner von Venedig nach Xian, und mit Wutanfällen schon gar nicht: Die türkische Sängerin lässt uns nach einem halben Tag im Nieselregen stehen, obwohl sie uns nachmittags noch ihr Istanbul zeigen sollte.

Der Rezeptionist in Baku verlangt Bezahlung für vier Tage und hält vier Finger hoch. Ich pflichte ihm bei für die Anzahl Tage, lege meinen Zeigefinger in seine Fingerzwischenräume und sage, soweit ich wüsste, bezahle man doch weltweit die Nächte, also deren drei. Er zieht die Augenbrauen hoch, telefoniert kurz mit seinem Chef, und wir einigen uns lächelnd.

Unser Chauffeur in Osch muss plötzlich eine Stunde weg zum Beten, es sei schliesslich Ramadan.

Der von den strengen usbekischen Behörden bewilligte, befohlene und beobachtete Drehplan führt uns zu einem riesigen Vorzeigebauernhof nahe Samarkand. Leider gibt es an diesem Tag nichts vorzuzeigen, ausser gefüllte Kühlhallen, schattige Kuhunterstände und eine Hand voll Arbeiter, die 500 Meter entfernt auf einem Feld Karotten ernten. Wir beschliessen, diese vorgefundene und vorgeführte Realsatire zu thematisieren und lassen die Kamera laufen, als der Chef stolz die Qualität und Tonnage der hoch gestapelten Obstkisten preist.

## Die Menschen im Mittelpunkt

«Die grossen Leute haben eine Vorliebe für Zahlen. Wenn ihr ihnen von einem neuen Freund erzählt, befragen sie euch nie über das Wesentliche. Sie fragen euch nie: Wie ist der Klang seiner Stimme? Welche Spiele liebt er am meisten? Sammelt er Schmetterlinge? Sie fragen euch: Wie alt ist er? Wie viele Brüder hat er? Wie viel

Kameramann Laurent Stoop: Er drehte alle grossen Reiseserien von DOK in Afrika, Amerika und Asien.

wiegt er? Wie viel verdient sein Vater? Dann erst glauben sie, ihn zu kennen.» Diese berühmte Passage aus *Der kleine Prinz* von Antoine de Saint-Exupéry ist unser Leitsatz. Wir möchten die Menschen, denen wir begegnen, kennenlernen und Wesentliches von ihnen hören. Und Unterhaltsames! Lieber eine adrette Anekdote als ein analytischer Aufguss.

Die ehemalige kirgisische Präsidentin Rosa Otunbajewa fühlt sich krank, möchte uns erst nur eine Stunde Zeit, lediglich ein Interview geben in einem offiziellen Empfangsraum. Die charismatische Politikerin spürt, dass wir nicht Fragen abhaken, sondern ein echtes Gespräch mit ihr führen, lädt uns überraschend zum Brunch in ihre Stube ein, zeigt sich privat, offen und herzlich – und lässt uns sogar filmen!

## Das Prinzip Wassermelone

Im kirgisischen At Bashy treffen wir Chinesen beim Bau der Hauptstrasse zum Torugart-Pass. Wie Ameisen asphaltieren sie im Akkord.

Europäer mit einer Kamera – die Arbeiter sind misstrauisch, der Ingenieur vorsichtig. Sollen wir gleich mit der kirgisischen Presseausweiskarte wedeln? Kaum fangen wir aus Distanz an zu drehen, ist gleich Pause für alle. Wassermelone wird verteilt, auch Peter Gysling bekommt einen grossen Schnitz, und so wird der gemeinsame Durstlöscher zum Eisbrecher: Die Chinesen fangen an, freundlich zu blinzeln, der Ingenieur erzählt grinsend, wie und warum es so läuft in seinem Land, wo seine Mitbewohner lieber in der Jurte sitzen als auf der Strasse schwitzen. Nicht über die offizielle Pressekarte, sondern über etwas menschlich Verbindendes entsteht Kontakt.

In China folgt das Déjà-vu: Der bärbeissige Mauerrestaurateur in Jiayuguan begrüsst uns schlecht gelaunt: heute keine Zeit fürs Interview, morgen vielleicht. Sein Hackebeil schwingt Yang Yongfu gottlob nicht gegen uns, sondern gegen die Wassermelone, bietet mir gleich zwei Stücke an, die ich rechts und links halte und schnell abwechslungsweise abbeisse. Yang beginnt schallend zu lachen, steckt mir einen dritten Schnitz in die eine Hand, und die triefende Biss-Jonglage geht weiter. Nicht nur Yang hat Tränen in den Augen vor Lachen, auch seine Angestellten und unser Team halten sich mittlerweile die Bäuche,

und Yang packt Peter kichernd und überraschend um die Hüfte und hebt ihn in die Höhe, wie bei einem Schweizer Hosenlupf! Ein humoristisches Highlight, bei dem die Kamera zwar nicht lief, das aber in unserem persönlichen Anekdoten-Archiv einen Ehrenplatz bekommt. Unnötig zu sagen, dass unser neuer vierschrötiger Freund tags drauf in sengender Sonne Zeit hatte für uns und die Kamera und mit traditioneller Technik einen Mauerteil geflickt hat…

## Die Verantwortung der Filmemacher

Wir reisen durch Länder mit totalitären Regimes, die Angst haben vor freier Meinungsäusserung. Als Journalisten werden wir in Usbekistan am Gängelband geführt, es wird positive Berichterstattung gewünscht. Die Bürger müssten leider noch ein paar Jahre überwacht und geführt werden, damit die «jungen Demokratien» nicht ins Chaos stürzen, so die offizielle Begründung.

In Taschkent gelingt es uns dennoch, unbemerkt einen Oppositionellen zu treffen, der kein Blatt vor den Mund nimmt und Klartext spricht über den herrschenden Familienclan der Karimows und wie sie sich bereichern. Ein journalistischer Glücksfall für uns, doch was passiert mit ihm, wenn wir die Sendung ausstrahlen? Eine Sendung, die via Internet überall zu sehen sein wird, auch vom usbekischen Geheimdienst? Er versichert uns zwar, das sei ihm egal, wir müssten ihn nicht unkenntlich machen. Trotzdem müssen wir einen Teil der Verantwortung mittragen und das Interview entsprechend sorgfältig einsetzen: Wo endet die kritische Aussage, und wo beginnt die verbale Verunglimpfung der verhassten Präsidentenclique?

## Wir gehen, sie bleiben

Mein Mitproduzent Pascal Nufer reist ein paar Tage voraus in der Türkei. In Erzurum stellt er sicher, dass das Treffen mit dem Imam der be-

Local Manager Li Li und Yang Yongfu, Mauer-Restaurateur.

Bauer Lütfu und Pascal Nufer, der Co-Produzent und Reporter der Serie «Seidenstrasse».

rühmten Atabek-Moschee klappt. Zufällig wird er vom greisen Landwirt Lütfu angesprochen, der ihn zu sich nach Hause einlädt. Aus dieser spontanen Begegnung wird eine ungeplante Geschichte, die uns viel mehr bewegt als der sperrige Imam. Die Geschichte des Bauern Lütfu, dessen jüngerer Sohn Yasin endlich eine Braut findet, die künftig für den alten Lütfu sorgen wird, damit dessen ältere Tochter Zuhal endlich ihren eigenen Lebensweg gehen kann.

Einige Länder später erfahren wir von unserer türkischen Mitproduzentin, dass Zuhal wöchentlich anrufe, sich nach ihrem und unserem Befinden erkundige, unser Besuch bei ihrer Familie sei eine sehr schöne Erfahrung gewesen, die sie nie vergessen werde. Feedback, das Freude macht und gleichzeitig traurig: Wir lernen Menschen kennen, die in kleinen Dörfern leben, uns einladen, an ihrem Leben teilhaben lassen und in Kontakt bleiben möchten. Wir ziehen nach ein, zwei Tagen weiter, nächste Stadt, nächste Geschichte, so will es der Drehplan. Zügig eine Dankes-E-Mail mit Produktionsfotos zur Erinnerung, nach Fertigstellung des Projekts eine DVD schicken, und dann? Werden wir zu Yasins Hochzeit fahren, zu der wir herzlich eingeladen sind? So viele Kontakte wirklich aufrechtzuerhalten, ist schwierig. Echte Freundschaft, tröste ich mich, hat mehr mit der Tiefe als mit der Häufigkeit der Treffen zu tun.

### Das grosse Loslassen

Filmemachen ist Teamarbeit, und die hat sehr viel zu tun mit dem Loslassen eigenbrötlerischer Visionen. Alle Kolleginnen und Kollegen bringen eigene Ideen und Energie ein, der Kameramann hält buchstäblich seine Sicht fest, der Cutter wählt das beste Bild für die filmische Erzählung, der Reporter schreibt seinen persönlichen Kommentar, die Chefs entscheiden, was in welcher Form über den Sender geht und was nicht. Wer reist, lernt vor allem viel über sich selbst, darf Vorurteile und Halbwissen loslassen. Was mir bleibt, ist die persönliche Erinnerung an die vielen wunderbaren Begegnungen; an die Menschen, die uns mit ihrer Offenheit magische Momente geschenkt haben, die vielleicht für die Kamera gar nicht sichtbar waren; und an das tolle Team, mit dem ich an diesem Projekt arbeiten durfte!

Zum Schluss sei nochmals der *Kleine Prinz* zitiert: «Man sieht nur mit dem Herzen gut. Das Wesentliche ist für die Augen unsichtbar.»

# Die DOK-Serie «Seidenstrasse» – Eine Teamarbeit

In sieben Folgen berichtet das Schweizer Fernsehen im November und Dezember 2012 jeweils freitags um 21 Uhr über diese grosse Reise von Venedig nach Xian. Dieses grosse Vorhaben wurde vom folgenden Team realisiert:

**Peter Gysling**  Der Radio- und Fernsehkorrespondent ist Haupterzähler der Serie. Gysling ist ein profilierter Kaukasus- und Zentralasien-Kenner und lebt in Moskau.

**Reto Vetterli**  Produzent und Verantwortlicher des Gesamtkonzepts. Vetterli hat bereits die DOK-Serien «Kairo – Kapstadt» und «Panamericana» produziert.

**Laurent Stoop**  Der Kameramann hat mehr als die Hälfte der «Seidenstrasse»-Folgen gedreht und den reisenden Reporter Peter Gysling begleitet. Stoop ist ein herausragender Filmer.

**Angelo Prinz**  Ist der Video-Editor des Projekts. Seit Jahren fliesst seine grosse Erfahrung in erfolgreiche DOK-Serien wie «Kairo – Kapstadt» und «Bergretter im Himalaya» ein.

**Franziska Wellinger**  Produktionsverantwortliche. Sie ist die gute Seele der Produktion, bei ihr laufen alle Fäden zusammen.

**Pascal Nufer**  Co-Produzent. Der ehemalige Südostasien-Korrespondent recherchierte einen grossen Teil der Geschichten längs der Seidenstrasse und hat die Dreharbeiten in China organisiert.

**Mitja Rietbrock**  Der Videojournalist hat für die «Seidenstrasse» Beiträge aus Kasachstan und Turkmenistan beigesteuert.

**Helen Stehli Pfister**  Redaktorin bei DOK. Die Slawistin hat viele Dokumentarfilme über das Gebiet der ehemaligen Sowjetunion gedreht.

**Andrea Vetsch**  Die Tagesschau-Redaktorin drehte für «Seidenstrasse» in Baku.

**Reto Padrutt**  Der ehemalige Rundschau-Redaktor betreute die Programme aus Venedig.

**Christof Franzen**  Lebt als Korrespondent in Moskau und hat für «Seidenstrasse» in Tadschikistan gedreht.

**Reto Brennwald**  Der ehemalige Rundschau- und Arena-Moderator arbeitet als Videojournalist und Reporter für DOK-Serien.

**Frank Senn**  Ist der Teamleiter für alle DOK-Serien.